고등학교 졸업 이후 파리에서 법학을 공부한 그가 저널리스트로 이름을 알린 건 세계 최초의 풍자 일간지 『르 샤리바리*Le Charivari*』의 편집자로 일하면서부터였다. 그는 동시대에 활동한 언론, 문학, 미술계의 여러 유명 인사를 날카로운 지성과 탁월한 유머 감각으로 풍자했지만, 그 어떤 지면에서도 상대를 공격적으로 비난하려 들지 않았다. 이런 그가 1841년, 파리에서 대 성행한 '생리학'이라는 기묘한 문학 장르를 연이어 출간한 것은 결코 우연이 아니었다.

그가 생리학 시리즈로 성공을 거둔 건 일간지에서 작업한 전설적인 판화가 그랑빌과 탁월한 풍자화가 도미에 같은 작가와의 협업 덕분이었다. 저널리스트이자 작가, 연극감독으로도 활동한 그는 친구들 사이에서 늘 정직하고 신중한 사람으로 여겨졌다. 그러나 그 신중함의 이면에는 시대와 사람을 읽어내는 날카로운 통찰력이 도사리고 있었다.

『산책자 생리학』은 19세기 중후반 파리의 도시 풍경이 급변하던 시기에 새로이 등장한 인간 군상인 산책자를 그리고 있다. 그들은 겉보기엔 한가해 보이지만 모든 것이 상품화되어 가는 도시 공간 속에서 대도시가 주는 충격을 온몸으로 받아내며 살아갔던 사람들이다. 후 아르트는 도시 공간을 채운 모든 것이 산책자들의 감각뿐만 아니라 인식, 사유까지 바꾸었던 시대, 산책자들이 새로운 신으로 떠오른 물신의 숭배자가 되었던 시대를, 반어와 조롱을 섞어 신랄하게 풍자하고 있다.

산책자 생리학

산책자 생리학

Physiologie du flâneur

루이 후아르트 지음

알로프, 도미에, 모리세 그림

류재화 옮김

페이퍼로드
paperroad

일러두기

· 이 책은 Louis Huart, *Physiologie du flâneur*, 1841을 우리말로 옮긴 것이다.

· 원서 삽화는 Alophe, Daumier, Maurisset가 그린 것이다.

· 본문 각주는 모두 옮긴이가 작성한 것이다.

· 원문에서 이탤릭체로 표시된 부분은 고딕체로 옮겼다. 본문에서 고딕체로 옮긴 부분은 작가가 강조한 부분이다.

차례

오! 비움이여, 산책이여

- 완벽한 산책이 불가능해진 현대인을 위한 쓸쓸한 위로

류재화(옮긴이·파리 3대학 문학 박사)

내가 좋아하는 산책은 혼자 하는 산책이다. "이 지상에 혼자가 되어, 오직 나 자신뿐, 형제도, 이웃도, 친구도, 사회도 없게" 된 장-자크 루소를 지금 여기서 자못 심각하게 오마주하려는 것은 아니다. 그러나 루소의 마지막 유작 『고독한 산책자의 몽상』은 꼭 읽어보시기를! 이 문제작에서 루소는 이미 산책의 선구적 전범을 만들어냈을 뿐만 아니라, "머릿속이 완전히 자유로운 상태에서 생각들이 어떤 저항이나 장애를 받지 않고 흘러가는 대로 내버려 두는" 산책을 통해 여태까지의 서구 이성과는 전혀 다른, 거의 열반(니르바나)에 가까운 마음 작용을 발견했는가 하면, 이로써 글쓰기의 새로운 전범을 제시하기까지 했으니 말이다.

혼자 하는 산책을 내가 좋아하게 된 것은, 산책하면서 옆에서 같이 걷는 인간과의 수다 때문에 종다리, 지빠귀, 까치, 까마귀, 뻐꾸기 소리를 놓친 적이 한두 번이 아니기 때문이다. 인간은 동행하는 인간에게 절대 무심할 수가 없다. 그러나 자연은 동행하는 인간에게 무심할 수 있다. 아니, 무심한 척 아무 말 없이 나에게 미소 짓는다. 자연과 함께 있을 때만 나는 말이 없다. 인간과 함께 있을 때는, 어떤 괴상한 정신적 발병 때문인지 모르겠지만, 많은 말을 한다. 하여, 말하지 않기 위해, 나는 산책한다.

또 내가 좋아하는 산책은, 겨울날의 산책이다. 왜 그런가 하면, 가령 봄, 여름, 가을에는 만발한 꽃들과 무성한 잎, 알록달록 물든 잎들을 황홀하게 바라보느라 나뭇가지까지 볼 여유가 없지만, 꽃과 잎들이 다 떠난 겨울에는 나무가 헐벗은 자신을 그대로 드러내 주기 때문이다. 마치 나체로 서 있듯 자신의 본질을 그대로 드러내고 있는 것이다. 나무들은 어쩌면 그렇게 다 다르게 생겼는지! 어떤 것은 몸통이 굵고 가지가 가늘다. 어떤 것은 몸통이 거의 없고 가지들이 우람하다. 삼각형 구조가 있는가 하면 역삼각형 구조도 있다. 일견 단순하지만 나름 그럴 만한 이유와 함께 형성된 복잡다단한 수형(樹形) 구조를 보면서, 나는 때론 문형과 문단 구조를 떠올리기도 했고, 여러 다양한 인간관계망을 떠올리기도 했다. 그러니 이렇게 즉자적이고 직설적인 텍스트를 제공하는 겨울 나무를 어찌 좋아하지 않을 수 있을까.

프루스트가 쓴 「산책」이라는 글을 만난 것도 아마 내가 이런 겨울 산책을 몹시 즐기던 무렵이었을 것이다. 30행도 안 되는 이 짧은 글에서 난 환희와 전율을 느꼈고, 수십 번을 읽었다. 프루스트의 산책도 겨울에 있었던 산책이다. 햇볕 기운이 이미 어느 정도 사그라든 하늘의 대기는 맑고 청명했고, 겨울이라 나무들은 헐벗은 채였다. 프루스트는 불을 좀 피우기 위해 죽은 나뭇가지인 줄 알고 나뭇가지 하나를 꺾었는데, 거기서 수액이 튄다. 팔, 팔꿈치까지 다 적실 만큼 튄다. 이건 아마도 상상력, 또는 환상일 것이다. 프루스트는 얼어붙은 나무 속에서 하나의 저 소란한 심장을 보았다고 쓴다. 겨울 나무에서 시작된 산책은 이제 강가로 이어지는데, 강물에 투영된 하늘의 풍경을 묘사하는 장면은 그야말로 눈물겹도록 사랑스럽다. 여태의 다소 차갑고 울적한 날씨와 기분이 여기서 돌연 바뀌기 때문이다. 강물에 비치는 것은 생각에 젖은 듯 다소 무겁게 천천히 흐르는 구름 낀 우울한 하늘만이 아니라, 그 사이를 가로지르며 열정적으로 달리는 회색, 파란색, 분홍색이다. 그렇다! 분명, 프루스트는 그것이 농어, 장어, 빙어의 반짝거리고 미끄러운 지느러미라고 먼저 말하지 않는다. 물고기가 아니라 붓 터치 같은 색들이 꺄르르 웃으며 지나가는 것처럼 묘사되는 것이다. 이어, 행갈이도 없이 바로 붙여 쓴 문장에서는 프루스트 특유의 생략적이고 비약적인 연상 작용이 일어난다. 유레카가 온 것이다. 물고기 이야기를 하다 문득 닭장을 떠올리기 때문이다. 닭들이 두엄 아래 낳은 부푼 달걀을 찾으러 갈 생각만으로도 기분이 좋아진다. 달걀을 보니, 누추한 닭장 두엄에까지 공평하게 빛을 쏘아주며 생명을 움트게 하는 태양도 달리 보인다. 태양도 달걀을 닮았다. 급기야 태양은 영감 풍부한 시인으로 의인화된다. 시인이 태양 같은 게 아니라, 태양이 시인 같은 것이다. 왜냐하면 모두가 부풀어 오른 타원형이기 때문이다.

한 행이라도 빠뜨리면 맥락이 닿지 않아 인용이 길어졌지만, 그렇다! 이것은 단순히 어떤 하루의 산책을 묘사하는 글이 아니다. 산책의 본질이 사랑스럽게 암시되고 계시되어 있지 않은가.

길이 이어지듯, 산책은 이어진다. 시간도, 우

리 삶도 이렇게 살아 있는 한 중단 없이 이어진다. 지속적 연속성이 생이라면, 이 안에 수많은 불연속적 단절 또는 작은 죽음들이 들어 있다. 인간의 감정 또한 울적할 때도 있고 기쁠 때도 있어 구분되고 분리되나 실은 늘 연기(緣起)되어 있다. 겨울날의 울적함이 뜨거운 열정과 행복한 환희가 되어가는 동안 외부에서 일어난 특별한 일이 있었는가? 아무것도 없었다. 그저, 산책이라는 걷기, 목표나 의지 없이 무심히 걷는 소요(逍遙), 그 와중에, 아니 그 덕분에 찾아진 유레카와 행복만이 있을 뿐이다.

산책자 또는 산보자라는 뜻의 프랑스어 'flâneur'는 '정해진 방향이나 목표 없이 천천히 거닌다'는 뜻의 동사 'flâner'에서 나왔는데, 결코 서두르지 않고, 어떤 목표나 지향점 없이 한가롭게 여유를 부리며, 게으르게 걷는 것을 뜻한다. 지금 당신의 산책은 어떠한가? 건강을 위해 만보기 앱을 확인하거나 근육량을 늘리는 유산소 운동에 좋다는 동작을 재현하며 스포츠맨처럼 늘 강박적으로 걷지는 않는가.

1840년대 프랑스에 도대체 무슨 일이 일어났기에 '생리학' 시리즈가 대유행했을까? 우선 이 '생리학'이라는 용어는 진짜 생리학을 가리키는 게 아니다. 인간을 더 이상 관념적 또는 정서적으로 이해할 수 없게 된 시대에, 아니 인간을 더 이상 이상화할 수 없게 된 시대에 과학과 의학을 동원해서라도 인간을 제대로 통찰해 보자는 괴로운 의욕의 산물인 것이다. 다르게 말하면, 낭만주의는 갔고 사실주의 및 자연주의가 도래했다. 또 다르게 말하면, 혁명의 시대는 갔고 자본의 시대가 도래했다.

따라서 '생리학' 시리즈를 읽을 때, 촌철살인하는 새로운 유형의 풍자 문학은 19세기 중후반 파리의 도시 풍경이 급변하던 시기가 배경임을 간과해서는 안 될 것이다. 1830년 7월 혁명으로 들어선 루이필리프 입헌 왕정의 시대가 끝나고, 이제 1848년 2월 혁명으로 다시 제2공화국이 들어설 것이다. 56년 만에 공화국을 되찾았지만 급진파 아닌 온건파가 득세하고, 초대 대통령으로 선출된 루이 나폴레옹은 4년 후 나폴레옹 3세로 이름을 바꾸고 바야흐로 제2제정을 출범시킬 것이다. 정치는 다시 한 번 퇴행하는 것이다. 그런데 산업은 전진한다. 이것이 바로 이 시대의 아이러니이다. 왜 발자크가 등장하는가. 왜 생리학이 각광받는가. 19세기 중반 제2제정기 파리에는 바야흐로 우리가 '현대'라 이름 붙일 만한 과밀한 대도시 풍경이 나타났고, 이 도시 거리를 물결처럼 바삐 흘러 다니는 군중들 또한 나타났다. 루이 후아르트의 『산책자 생리학』은 바로 이 시대를 풍자한 세태 비평이다.

현대의 우리는 도시 공간이 우리의 원래 서식 지인 줄 알고 별수 없이 살아가고 있지만, 만일 이런 풍경을 처음 접한 1840-50년대 파리지앵이라면 어떨까? 더욱이 지식인이라면? 루이 후아르트는 관찰자 또는 탐정처럼 그의 눈앞에 펼쳐진 도시라는 무대 공간과 그곳을 활보하는 인간 부류들을 '산책자'로 우선 명명한다. 그리고 이들을 자세히 관찰하고 염탐하며 범주화하고 분류한다. 겉보기에는 모두 한가로운 산책자이지만 실상을 들여다보면 모든 것이 상품화되어 가는 도시 공간 속에서 일정 부분 위협과 공포를 안고 살아가는 사람들이다.

저자는 서두에 '소요학파'라는 별칭으로 유명한 아리스토텔레스를 비롯하여 고대 그리스 철학자들 및 특히 자연주의 철학자들을 짧게 언급하며 산책자의 원형적 표상을 설정하는데, 그도 그럴 것이 이른바 이족 동물의 산책은 식사 후 깡충거리는 원숭이나, 오른쪽 왼쪽으로 뛰어다니는 강아지 같은 사족 동물의 그것과는 좀 다른 차원이 되어야 한다고 보기 때문이다. 이 소요학파 철학자들의 산책이 하나의 전범이라면 전범일 수 있겠지만, 이제 19세기 도시에서는 그것이 요원하게 된 것이다. 바로 이런 아이러니를 가지고 『산책자 생리학』의 세평은 시작된다.

저자에 따르면, 산책을 하기 위해서는 우선 신체적 조건이 우선시된다. 캥즈-뱅 소속, 그러니까 당시 파리에 있던 맹인들을 비롯한 신체적 불구가 있는 장애인들을 수용한 병원에 소속되어 있는 자들은 산책이 제한된다. 푀이양 테라스가 있는 튈르리 공원 일대를 어슬렁거리면 치안 경찰이나 군인이 나타나 금족령을 내리는 쪽지를 내밀기 때문이다. 거꾸로 너무 잘 먹어 기름진, 배은망덕한 살밖에 자랑할 게 없는 자들도 산책이 제한된다. 왜냐하면 아낌 없이 퍼부어 주는 은총 가득한 태양 아래를 걸으며 연신 이마의 땀을 훔치느라 몇 발짝밖에 못 가기 때문이다.

산책자의 유형을 좌우하는 것은 돈이다. 돈이 많은 자보다 돈이 없는 자가 산책에 유리한 건 사실이다. 산책하다 흙탕물이 튀면 자신의 품위까지 손상되는 줄 알아 웬만하면 걷지 않는 자들이나, 유모차처럼 생긴 마차 안에서 겨우 위를 올려다보거나 비싼 아랍풍 말을 타고 아래를 내려다보는 자들 모두 나무 풍광이 수려한 불로뉴 숲 같은 산책로를 제대로 감상할 수 없기 때문이다. 마차를 탈 만큼 돈의 여유가 없는 자들이 도리어 진정한 자연 감상자이면서 완벽한 산책자가 될 가능성이 많다. 그러나 저자는 그렇다고 가난을 지나치게 찬미하지 말라고 훈수 둔다. 가난을 찬미하다 빚쟁이나 집달리에게 늘상 쫓기는 채무자 신세가 되면, 완벽한 산책을 할 수 없기 때문이다.

겉으로 보면 한가로운 산책자이지만 실은 영 진정한 산책자가 아닌 경우도 있다. 자신을 완전히 비우고 일종의 어떤 거시적 공백을 창조할 줄 아는 자가 진정한 산책자 아닌가. 그런데 아조르, 카스토르, 메도르 같은 강아지 이름을 연신 불러대며 강아지 목줄에 끌려다니는 자들은 겉보기에만 그럴 듯한 산책자다. 최신 유행하는 멜론을 사서 의기양양하게 귀가하는 것이 산책의 궁극적 목표인 자들도 이 부류에 들어간다. 문 닫은 상점 사이를 거닐며 닫힌 덧창들만 연신 봐야 하는 자들은, 그래서 특별히 눈 둘 곳이 없어 이내 권태를 느끼는 자들도 여기 해당한다. 바라봐야 할 대상이 없으면 불안 증상이 오는 자들은, 예전이나 지금이나 어쩌면 가장 불행한 자들이며, 현대 물신 사회의 첫 희생 제물로 기꺼이 바쳐질 선구자들이다.

위의 부류와는 반대로 너무 한가하고 게으른 한량들도 있다. 차라리 이런 자들이 상기한 예들보다는 진정한 산책자가 될 가능성이 일단은 많다고 할 수 있는데, 그도 그럴 것이 이들은 법 없이도 세상을 살 수 있는 도덕적인 자들이기 때문이다. 어떤 범법 행위도 저지르지 않았기에 치안 경찰을 봐도 초연하다. 한갓진 숲길로 길을 잘못 들어도 별로 무섭지 않다. 그런데 이들의 진정한 산책을 방해하는 것은 따로 있었으니… 도둑질은 하지 않지만 도둑질을 당하기 때문이다. 텅 빈 머리로 유유자적하는 자들일수록 도둑의 표적이 되기 십상이다.

무위도식자, 외지에서 온 구경꾼, 부랑자 등이

이른바 산책의 진정한 목표인 거대한 공백을 만들 줄 아는 자들처럼 예시되지만, 멀리서 볼 때 그럴 뿐, 가까이서 보면 좁쌀 같은 작은 문제에 병적으로 집착하는 조악하고 가련한 자들이다.

　사랑과 예술과 담론을 사랑한 나머지, 거리의 모든 것을 사랑하는 낭만주의자들 유형도 제시된다. 이들은 한마디로, 바라보는 것만으로도 이성을 잃고 행복해할 수 있는 존재다. 상상계 병일까? 상상력의 은혜와 특기를 받은 완벽한 무아지경의 주체일까? 사실, 주체(su-jet)란 대상(ob-jet)의 주인인 자가 아니라 대상에 넋을 빼앗겨 노예가 된 자이다[l]. 보는 것마다 족족 빠져드는 이들은 진열창의 갈레트든, 포도즙이든, 창문 발코니의 아가씨든, 예쁜 모자를 쓰고 귀엽게 걸어가는 모자 가게 아가씨든, 너울대는 저

---

[l]　'sujet'와 'objet'를 '주체'와 '객체(대상)' 등으로 번역할 뿐, 라틴어에서 파생한 이 서양어 어원에는 주와 객의 의미는 없다. 'su(sub)'는 아래를 뜻하는 접두사이며, 'ob'는 바로 앞에 있는 대상을 뜻하거나 전복을 뜻하는 접두사이다. 'jet'는 'jeter(던지다, 투사하다)'에서 왔다. 얄궂은 농담이지만, 던져진 먹잇감을 보고 침을 흘리는 우리 사족 또는 이족 동물을 떠올려 봐도 좋다.

녁 가로등 불빛 아래 파리 담벽을 태피스트리처럼 장식한 빨갛고 노랗고 하얗고 파랗고, 아니 개양귀비 꽃처럼 진하고 감미로운 상품 광고 벽보판이든 한없이 빠져든다. 보는 자는 곧 탐닉하는 자다.

시인 보들레르만 해도 완벽한 산책자는 곧 열정적인 관찰자로, 수많은 것들이 물결치듯 너울대며 움직이고 달아나며 저 무한의 세계로 빠져드는 것들 속에 특별히 자신의 거주지를 둠으로써 어마어마한 쾌락을 느끼는 자라고 정의한 바 있다. 덧붙여 보들레르는 이렇게도 표현한다. "자기 집 밖이라면 그 어디나 자기 집으로 느끼는 자."

루이 후아르트도 보들레르의 견해와 별반 다르지 않다. "내 금발 청춘 시절의 가장 행복했던 순간은 길 위에서 흘러갔다. 포석, 화강암, 타르, 아스팔트, 그 어떤 포장도로든!"

혼잡한 도시 속에서 그나마 속도를 늦추며 어

슬렁거리는 자들을, 한량들을, 무위도식자들을 주목하면서 이 19세기 작가들은 무슨 말을 하고 싶어 했던 것일까? 도심 거리를 메우는 행인들 또는 군중들은 무정형의 집단이다. 지나가며 서로 부딪히거나 밀치거나, 부딪히지는 않아도 슬쩍 스치거나 하면서 일어나는 온갖 크고 작은 일들, 도심을 산책하며 일어나는 일들은 심리적으로도, 심미적으로도 그다지 유쾌하지 않은 느낌을 준다. 발터 벤야민은 보들레르의 시에 나타난 모티프들을 연구하고 해설하며 보들레르를 "충격 애호증 타입"으로 분류한다. 이런 대도시의 충격을 자신의 정신적, 육체적 인격으로 방어하면서 그의 시가, 현대 예술이 탄생했다고 보고 있다.[II]

그것은 새해의 폭발이었다. 무수한 사륜마차가 가로지르고, 장난감과 봉봉과자가 번쩍거리고, 탐욕과

II   이에 대해서는, 발터 벤야민, 『보들레르의 작품에 나타난 제2제정기의 파리 / 보들레르의 몇 가지 모티프에 관하여 외』(김영옥, 황현산 옮김, 도서출판 길, 2010)를 참조할 것.

> 절망이 들끓는 진흙과 눈의 혼돈, 가장 완강한 고독
> 자의 뇌수마저 어지럽히려고 마련된 대도시의 공인
> 된 착란.
>
> —보들레르, 『파리의 우울』 중 「장난꾸러기」 중에서^{III}

일 분 일 초가 강조되고, 추시계가 매초마다 시간을 알려오는, 바야흐로 시간이 절대군주로 군림하는 현대 도시 공간에서 행인들은 발작적인 걸음걸이로 어디를 향해 가는지도 모른 채 걷는다. 눈 닿는 곳 어디나 마술 환등처럼 환각적인 상품들과 광고 벽보들이 시각 기관을 한시도 쉬지 않게 만드는 이 공간은 이제 이 거리 산책자들의 감각 기능만이 아니라 이미지를 불러내고 상상하며 꿈을 꾸는 인식과 사유 기능까지 바꿔놓게 될 것이다.

건물과 건물 사이 길바닥마저 유리 천장을 달아 상점가로 변모시킨 파리 특유의 '파사주'는 곧 도래

III   샤를 보들레르, 『파리의 우울』(황현산 옮김, 문학동네, 2015)

하게 될 전대미문의 산책자이자 새로운 유형의 인류를 관찰하기에 가장 좋은 장소이다. '파사주'는 누군가에게는 생업 공간이지만, 누군가에게는 보고 탐닉하며 몽상하는 공간이다. 집안에 샹들리에 하나 달 수 없는 가난한 자도 이 파사주에 오면 마치 자신의 살롱에 온 듯한 기분에 젖는다. 파사주의 위세는 고급 백화점[IV]이 들어오면 꺾이겠지만, 거리로 나온 이 '살롱'은 출입 제한 없이 누구나 거닐 수 있다. 이제 거리의 산책자들은 철학적 소요학파들이 아니라 새로운 신으로 도래한 물신에 도취된 신도들, 그러니까 소비자들이다.

파사주의 상인들은 물건을 파는 것이 아니라 물신을 판다. 무엇에든 쉽게 영감받고, 감정 이입에

IV   1850년대 파리에는 이제 부티크(Boutique) 형태의 가게를 밀어버리는 백화점(grand magasin)이 처음 출현하게 될 것이다. 세계 최초의 현대식 백화점인 '봉 마르셰(Bon marché)' 백화점은 1852년 아리스티드 부시코라는 사람의 아이디어로 시작되었고, 이어 사마리텐, 갤러리 라파예트 백화점 등이 차례로 문을 열었다. 진보 및 자본주의 문제에 늘 관심을 가지고 있던 에밀 졸라는 이를 소재로 소설 『여인들의 행복 백화점』을 쓰기도 했다.

능한 시인들은 특히나 이 파사주 공간에서 남모를 이중의 위협에 처한다. 저 고색창연한 추상성에 황홀해하는 자들은 반드시 저 성스럽고 속스러운 무기물에, 상품에, 물신에도 역시 쉽게 황홀해하기 때문이다. 따라서 시인은 어쩌면 가장 불완전한 산책자이자 가장 완벽한 산책자가 될 수 있다. 오! 무의 세계를 외치는 자는 유의 세계에서도 기꺼이 무를 환각할 수 있을 테니 말이다. 거참, 얼마나 대단한 능력인가.

『산책자 생리학』을 읽고 오늘 저녁 친구나 연인, 아니면 강아지나 가족과 함께 산책을 나가도 좋다. 여러 산책 유형들을 읽어가다 보면 당장 바깥으로 나가고 싶어질 수도 있기 때문이다. 아니다, 『산책자 생리학』은 유머와 위트, 허풍과 재치의 외양을 띠고 있을 뿐, 온통 의미심장한 쓰디쓴 반어와 조롱으로 점철되어 있기 때문에 산책이 두려워질 수 있다. 거대한 마음 비움을 외치면서 산책을 하지만, 한시도 빈 시간을 허락하지 않는 분주한 넋의 시대. 산책(flânerie)은 이제 옛말이 되어버린 것일까.

그래서 다시 한 번 보들레르의 이 아이러니한 시구를 생각해 볼 때다.

자신의 고독을 사람으로 가득 채울 줄 모르는 자는 분주한 군중 속에서 홀로 있을 줄도 모른다.[V]

V   샤를 보들레르, 앞의 책.

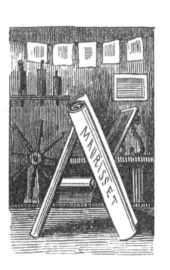

제1장

인간의 새로운 정의

아리스토텔레스[I], 플라톤, 소크라테스, 그리고 보날드[II]
와 쿠쟁[III] 씨, 그 밖의 다른 많은 철학자와 특히 자연주

I   옆의 그림에는 알파벳 하나가 숨겨져 있다. 아래 그림에 A자 형태의 접이식
물건이 세워져 있는데, A는 문단의 첫 단어인 아리스토텔레스의 '아'이다.
나머지 장에도 첫 페이지 그림에 알파벳 문자가 하나씩 숨어 있다.

II   루이 드 보날드(Louis de Bonald, 1754~1840): 프랑스의 정치인이자, 철학자,
수필가이다. 가톨릭 군주론자로 루소의 『사회계약론』을 공격했고 프랑스
혁명 세력의 큰 적이었다.

III 빅토르 쿠쟁(Victor Cousin, 1792~1867): 철학자이자, 교육가이다. 데카르트

의 철학자들은—이들의 이름을 열거하면 나나 여러분이나 다 소화할 수 없을 만큼 긴 명단이 나올 것이다—인간이라 명명하기에 적합한 동물에 대한 새로운 정의를 계속해서 내려왔다. 어떤 사람들은 인간이 **오장육부신체 기관에 의해 움직이는 지성**이라고 했는데, 내가 보기에는 프랑스에서 둘째가라면 서러울 단짝 동료인 식료품상과 관련 주주들을 위한 아첨에 불과하다.

또 어떤 사람들은 인간이 깃털 없는 두 발 달린 짐승이라고 했는데, 디오게네스도 잘 관찰했다시피, 발을 땅에 붙이고 사는 존재로서 영락없이 인간과 닮은 존재는 통닭구이 장수한테 막 깃털을 뽑히고 난 수탉이라고 보아도 무방하다.

플라톤은 인간에 관한 자신의 정의도 있거니와, 두 발 달리고, 깃털이 없긴 하지만 꼬치가 될 운명까지는 아니라고 덧붙일지 모른다. 저 지구 남쪽 바다에 사는 야만인들도 철학가의 견해인지 미식가의 견해

의 전집을 편집했으며, 플라톤과 프로클루스의 저작을 번역했다. 18세기 철학의 역사나 17세기 유명 여성에 대한 여러 단독 저술물이 있다. 프랑스 고등학교 철학 교육의 여러 방법론과 개혁안을 낸 인물이다.

인지 도통 알 수 없는 이런 정의라면 반박할 것이다.

보마르셰[IV]는 피가로의 목소리를 빌려, 두 발 달린 인간이 다른 동물들과 구분될 때는 배고프지 않는데도 먹고, 갈증 나지 않는데도 마시고, 하루 종일 사랑만 나눌 때뿐이라고 말한다.

상기한 것만으로도 이미 많은 진실을 말하지 않았나? 그러나 아직 완전히 만족할 만한 수준은 아니다. 왜냐하면 보마르셰가 주장하는 것과는 조금 다른 방식으로 사는 자들이 제법 많기 때문이다. 아무리 배가 고파도 먹을 수 없는 불쌍한 악마들도 많은 것이다.

만일 인간이 다른 동물보다 우위에 있다면, 그 이유는 산책할[V] 줄 알기 때문이다.

IV   보마르셰(Pierre-Augustin Caron de Beaumarchais, 1732~1799): 프랑스의 유명 극작가로, '피가로'라는 인물을 창조해 냈다. 〈피가로의 결혼〉은 1786년 초연되었다. 귀족들에게 뻔뻔하고 재치 있게 대항하는 이 제3신분 주인공은 프랑스 혁명이 일어나기 몇 년 전 이미 대중의 인기를 한 몸에 얻었다.

V   이 책의 원제목은 *Physiologie du flâneur*이다. 'flâneur'는 우선은 무념무상으로 한가롭게 거니는 자, 즉 소요(逍遙)하는 자이다(이 책의 첫 문장에서 소요학파의 아리스토텔레스를 위시한 여러 철학자들을 언급하는 이유를 생각해 보라!). 그러나 여러

바로 그 점에서 인간에게 사회적 우월성이 있다고 말할 수 있을 것이다. 보마르셰는 수긍하지 않겠지만, 그럼에도 불구하고 보마르셰 씨만 해도 재치가 넘치는 자였고, 그러니 본질적으로는 교양 없는 동물적인 자들과 확연히 구분되었다. 그렇다! 인간이 창조의 왕이 된 것은, 온갖 날씨와 기후에도, 또 가능한 계절이면 어느 때든 나가서 자신의 시간과 청춘을 잃어버릴 줄 알았기 때문이다.

당신이 아는 모든 동물의 품성과 습성을 연구해 보면, 이게 얼마나 옳은 지적인지 고개를 끄덕이며 수긍하게 될 것이다. 가령, 식사를 하고 난 후 원숭이는 깡충거리고, 강아지는 오른쪽, 왼쪽으로 뛰어다닌다. 곰은 제자리를 돈다. 소는 되새김질을 한

가지 다른 목표와 행동 양상으로 도시의 거리를 거니는 자들 모두를 포괄해야 하므로 일반적으로 통용되는 '산책자'로 옮겼다. 다만, 이 책에서는 19세기 중후반 파리 도시 풍경이 급변하던 시기를 배경으로 하고 있는 점에 유의해야 한다. 1840년대, 그리고 이어지는 1850년대 제2제정기의 파리에는 바야흐로 '현대'라 이름 붙일 만한 과밀한 대도시 풍경이 나타났고 아울러 상업과 군중의 시대가 도래했다. 루이 후아르트는 이 책에서 다양한 도시 산책자들을 관찰하고 그들의 모습을 언어적 유희와 농담 섞인 반어법으로 풍자하며 당시의 도시 풍경을 그려내고 있다.

31

다. 지상의 표면 위를 돌아다니는 모든 피조물들은 식사 후 다 무언가를 하는 것이다. 그런데 **인간**만이 유일하게, 저녁 식사를 마친 후, 질 나쁜 싸구려 담배를 4수[VI] 주고 산다. 그다음에는 산책을 나갈 것이다. 따라서 당신은 우리가 인간을 이렇게 정의하는 것이 완전히 옳다는 것을 알게 될 것이다. 인간은 두 발 달린 깃털 없는 자, 그리고 외투 입고 담배 피우며, 산책하는 자다.

다만, 가끔 숲속을 산책하는 원숭이와 인간을 구분하기 위해 손에 지팡이가 들려 있는지 없는지 유심히 봐야 한다. 문명의 발달 덕에 파리의 산책자들은 접이식 지팡이를 호주머니에 늘 넣어두고 다니기 때문이다. 사실 그건 유용하다기보다 귀찮고 불편하다. 이 두 지적인 동물의 차이가 거의 느껴지지 않는다면, 차라리 닮은 점에 집중해도 좋다. 그 둘은 두드러지게 닮은 점이 제법 많기 때문이다. 우

VI   수(Sou)는 프랑스의 화폐 단위로, 중세 시절부터 있었던 오래된 통화 화폐
      다. 이 글에 여러 번 나오는데, 이는 푼돈을 의미한다.

선 둘 다 아무 생각이 없는 것처럼 보인다. 걱정하는 것도 없고 몰두하는 것도 없다. 아무 이유도 없이, 목표도 없이, 오른쪽으로 왼쪽으로 갔다가 별다른 동기 없이 다시 제자리로 돌아온다. 둘 다 지나가는 여자들을 똑바로 쳐다보고 여자들은 그런 눈길이 꼭 싫은 게 아니어도, 일단 인상을 찌푸린다. 사람 많은 공공장소에 오면 둘 다 약간은 불편해한다. 산책자가 원숭이처럼 경망하다는 주장을 하려는 건 아니다. 그렇다고 산책자에게 신성함이 있는 것도 아니다. 왕이 사는 궁전이나 주님이 계시는 성당이나 정의를 구현하는 성소인 법정 같은 데서도 이들은 유유자적 산책을 하기 때문이다. 예쁜 여자들과 망측하게 생긴 남자들은 이런 곳에서도 거리낌 없이 만난다.

제2장

누구나 다 산책할 수 있는가

"이런 명사보다 상투적인 명사가 없고 이런 사물보다 희귀한 사물이 없다." 라퐁텐은 진정한 친구에 대해 말하는 중에 일찍이 산책자를 이렇게 말한 바 있다. 앞 장에서 제시한 우리의 새로운 인간 정의에 따르면, 모든 인간이 산책자라 불릴 수 있는데, 이상하게 오인될 여지는 있다.

이것이야말로 신의 기쁨이라 불러도 두렵지 않은 기쁨을, 여러 다양한 이유로 맛보지 못하는 불행한 자들이 있기 때문이다. 올림포스의 신들'이 하

I 　올림포스의 신들은 보통 12신으로 복수인데, 숫자 12는 고대 바빌론에서 통용되던 12성좌와 관련된다. 그만큼 다양한 자들이면서 나름대로 선별된 자들만이 산책할 수 있었다는 의미이다.

신 일이란 금리 생활자처럼 변장한 꽤나 여유 있어 보이는 무리들이 그 시대의 커피라 할 암브로시아 반 잔을 들이켠 후 조용히 길 위를 거닐도록 한 것밖에 없기 때문이다.

우선 우리 중에는 많은 불구자 계층이 있다. 캥즈-뱅[II] 소속으로, 푀이양[III]의 테라스를 돌아다니는 맹인들, 아니면 튈르리 산책로 한가운데를 어슬렁거리는, 등 한가운데가 툭 불거져 나온 자들이다. 그다지 매력적이지 않은 이들이 괜히 철책 정문 앞을 뛰어다니다가는 군인에게 저지당할 수 있다. 어떤 봇짐도 들여보낼 수 없다며 군인이 이른바 금족

II 프랑스어로 '캥즈-뱅(Quinze-Vingt)'은 숫자 15와 20의 조합인데, 둘을 곱하면 300이 된다. 결국 숫자 300을 뜻하는데, 맹인을 뜻하는 은어이다. 루이 9세가 파리에 세운, 300명을 수용할 수 있던 맹인 병원에서 유래했다.

III 여기서 '푀이양(Feuillant)'은 성베르나르도회에서 16세기 말에 세운 수도원을 뜻하는데, 파리 생토노레가에 있다. 프랑스 혁명 당시 군주의 퇴위 문제를 놓고 이견을 보이며 자코뱅파에서 분리된 푀이양파의 본부가 자리 잡은 곳이기도 하다. 이 혁명 클럽에 붙은 '푀이양'이라는 이름은 이 수도원 이름에서 유래한 것이다. 리볼리가를 따라 죽 늘어서 있는 튈르리 공원 내의 야외 계단은 당시 선남선녀들이 한껏 차려입고 나들이 나온 곳으로도 유명하다(제14장 참조). 프랑스 혁명 당시 격분한 민중들이 튈르리 궁을 습격했을 때, 루이 16세와 그 가족들이 도망쳐 빠져나간 계단이기도 하다.

령 쪽지를 들이밀 수 있기 때문이다.

절름발이라면 수레를 타고 산책할 수밖에 없다. 만일 귀머거리라면, 괜히 대로에 나왔다가 마차에 깔릴 수 있다. 산책자라는 직함을 달기 위해서는 우선 신체적 자질이 요구된다. 그런데 신체가 우수한 조합은 극히 드무니 징병위원회도 힘들어하는 사안이다.

정신적, 도덕적 자질도 요구된다. 그러나 이건 그다지 많이 필요하지 않으니 나중에 다시 말하겠다.

하마터면 잊을 뻔했는데, 굴을 먹는 달IV에만 산책이 허용되는 불행한 계층도 있다. 그러니까 너무 잘 먹어서 건강이 양호해지고 체중은 늘어나 상심이 큰 산책자들을 말하는 것이다.

IV   단백질과 비타민, 오메가 3 등이 풍부한 굴은 프랑스 사람들이 즐겨 먹는 요리 중 하나로, 굴을 먹는 달이 따로 정해지게 된 일화가 있는데, 18세기로 거슬러 올라간다. 굴이 각광을 받으면서 굴 수확 및 채집이 무분별하게 일어나자 루이 15세는 5월부터 8월까지는 굴 수확을 금지했다. 굴 먹는 달이 정해진 것도 그래서다. 굴은 주로 10월부터 먹기 시작하여 2, 3월까지 먹었다.

　5월의 태양의 첫 광선이 구름을 뚫고 나올 때,
비만한 자처럼 불운한 자가 또 어디 있을까! 자
신의 운명과 대적해 보지만, 아스팔트 도로 위를
300보 또는 400보 겨우 내디딜 뿐이다. 아무리 용
을 써도 힘이 달리니 가장 가까운 데 보이는 카페
로 가서 이마의 땀을 훔치며 둥근 의자에 털썩 주저
앉는다. 몸을 식히겠다며 맥주 두세 병을 시키니 이
기름지고 배은망덕한 살은 늘 그의 최대의 적이다.

　연금 수입이 5만 리브르밖에 안 되어 상심이

큰 자는 파리 진창길을 도보로 다니며 얻는 즐거움을 정녕 알지 못한다. 튀르카레[V] 씨 같은 자는 흙탕물이 약간만 튀어도 품위가 영영 손상된 줄 안다. 다른 사람한테 흙탕물을 튀기며 평생을 사는데도 권태를 느끼는 이런 자는 종국에 가서 허무에 찌들어 사는 벌을 받게 될 것이다.

콩코르드 광장의 가로등들과 에투알 광장의 개선문, 불로뉴 숲의 발육 나쁜 먼지 낀 나무들을 제아무리 유모차를 닮은 편한 마차 안에서 올려다보거나 아니면 아랍산 명마인 듯한 말을 타고 위에서 내려다본다 해도 1년 365일을 바라보라고 한다면 지겨울 것이다. 사실상 불로뉴 숲을 산책해야만 볼 수 있는 경치는 따로 있다. 그 경치를 누리기 위해서는 1수도 들지 않는다. 그렇다고 경치나 보면서 철학만 하다 보면 영영 빚밖에 없는 삶을 살게 될 수도 있으니, 빈궁함을 지나치게 즐기지 않도록

V   파리에 위치한 국립 극장 코메디 프랑세즈에서 1709년 초연된 희극 〈튀르카레〉의 주인공으로, 징세업자이다. 〈튀르카레〉는 극작가 알랭르네 르사주의 작품이다.

유의할 필요는 있다.

채권자에 시달리는 산책자라면 길거리나 강변, 광장이나 파사주[VI] 등을 활보하는 기쁨을 빼앗길 수 있다. 그렇다면 파리 지형학을 별도로 공부할 필요가 있다. 리슐리외가[VII]를 다니는 것은 금지된다. 상환금을 기다리다 지친 재단사가 완전히 바리케이드[VIII]를 치고 나올 수 있기 때문이다. 분할 상환금을 낸 지 너무 오래되어 그의 기억에서 사라지기 전까지는 그곳으로는 절대 가면 안 된다.

[VI] '파사주(passage)'는 통행로라는 뜻으로 일종의 아케이드 상점가이다. 파리 특유의 풍물이라 원어 발음 그대로 옮긴다. 뒤에 더 자세히 나오므로 거기서 다시 각주를 붙였다.

[VII] 원어로는 'Rue de Richelieu'이다. 루이 13세 시대의 추기경이었던 리슐리외의 이름을 땄다. 이 책에는 상당히 많은 파리 거리들의 이름이 나온다. 모두 지도에서 찾아볼 수 있는 공식적인 거리 이름이므로 일괄적으로 다 프랑스어 발음으로 표기한다.

[VIII] '바리케이드'라는 말은 갈리아-로마어 '바리카(barrica)'에서 왔다. 두꺼운 나무통이라는 뜻인데, 훗날 방책, 장애물, 차단기라는 뜻을 갖게 되었고 반대, 폭동, 내란, 혁명 등의 의미로도 파생되었다. 프랑스 사람들은 시위를 벌였다는 의미로 이 표현을 관용적으로 많이 쓴다.

생토노레가[IX]는 흉포한 장화 제조인의 은거지다. 그는 157프랑을 안 갚았다고 당신의 피를 다 마셔버리겠다고 으르렁댈지 모른다. 이 식인종에게 당신의 혈관에 흐르는 레모네이드를 갖다 바치지 않으려면 일단 생토노레가는 피하고 봐야 한다.

거기서 좀 더 가면, 샤플리에가가 나오고 그다음에는 강티에 파사주가 나온다. 팔레루아얄에서 증권 거래소가 있는 부르스 광장까지 무사히 가려면 그르느타가나 루아얄 광장을 택해서 가라. 다른 길에는 정말 위험천만한 바리케이드가 산재해 있다.[X]

만일 고리대금업자가 발행한 환어음을 가지고 있는 경솔한 채무자라면, 그의 처지는 더욱 끔찍하

[IX] 생토노레(Rue Saint-Honoré)가는 파리 1구와 9구에 걸쳐 있는 유서 깊은 거리로, 레알 지구, 팔레루아얄, 방돔 광장, 마들렌 구역까지 연결된다. 프랑스 소설들에 자주 등장하는 거리이기도 하다. 라퐁텐, 발자크, 샤토브리앙도 이곳에 주소지를 둔 적이 있으며, 볼테르 등 계몽주의 철학자들과 예술가들이 자주 드나들었던 마담 조프랭의 살롱도 이곳에 있었고, 로베스피에르가 샹드마르스 시위 중 도피하다 은거한 뒤플레 씨의 집도 이곳에 있다.

[X] 생토노레가나 부르스 광장, 팔레루아얄, 그르느타가 등은 현재의 파리에 남아 있으나 샤플리에, 강티에 파사주 등은 남아 있지 않다. 모두 현재의 파리 2구, 3구 등 파리 중심가에 위치했다.

다. 태양이 뉘엿뉘엿 기울어지거나 가로등이 켜지는 시각이 아니면 절대 산책을 해서는 안 된다.

두 명의 집달리가 뒤에서 미행을 해 어쩔 수 없이 강요된 산책을 해야 하는, 달갑지 않은 일이 생길 수 있기 때문이다. 잘못하면 클리시가[xi]까지 갈 수도 있다.

[xi] 클리시가는 현재의 파리 9구로 비교적 북쪽에 위치해 있다. 미행하는 자를 따돌리지 못해 계속 북쪽으로 걸어갔다는 말이다.

제3장

자칭 산책자이지만
영 산책자가 아닌 자들

모든 사회 계층에는 정말 심각하게 아무것도 모르면서 아는 척을 하거나, 아니면 프랑스어를 기가 찰 정도로 한심하게 남용하는 자들이 있다. 음악, 무용, 심지어 수학보다 더 우위에 두어도 모자랄 이 쾌적한 예술의 기본 요소도 제대로 알지 못하면서 자신을 산책자라 칭하는 이들이 있는 것이다.

사람들은 산책자의 모든 유형을 다 뒤섞었다. 경우를 가리지 않고 다 산책자라 칭함으로써 그 직함을 도용했다. 마치 그런 건 대수롭지 않다는 듯 말이다. 진정한 산책자란 유유자적의 경지를 보여주는 자여야 하는데, 특히나 아주 존경할 만한 자여야 한다. 그저 어쩌다 산책하는 자들도 "뭐 하십니까" 하고 물으면 "산책 중입니다"라고 대답하는데, 적어도 이런 자는 최고의 산책자라 할 수 없다.

하루도 빠지지 않고 루아얄 광장 같은 곳에서 만나는 작은 체구의 노인들이 있는데, 이미 예전부터 연금을 야금야금 받아먹고 있으니 산책 나간다는 구실로 매일같이 정오만 되면 집에서 나오는 것이다.

그들에게 "도대체 어디를 가십니까" 하고 물으면 그들은 아마도 쾌활하게 "산책하러 가죠!"라고 대답할 것이다.

한편, 이들의 산책은 조금 가다 앉는 게 관건이다. 25보 정도 걷다 벤치를 발견하면 앉는다. 그러고는 점심이다. 한 명, 아니면 두 명, 아니면 세 명. 이렇게 친구들을 대동하거나, 한 마리, 아니면 두 마리, 아니면 세 마리. 이렇게 개들을 대동한다. 이 자칭 산책자는 괘종시계의 시침이 다섯 번 돌아가는 동안 자기가 걷는 게 아니라 개들을 걷게 한다. 아니, 개들한테 혹독한 걷기 훈련을 시킨다. 소

총 대신 지팡이를 기가 막히게 휘두르는데 혹 납으로 된 지팡이라면 정말 큰일 날 수도 있다.

아조르, 카스토르 아니면 메도르가 말을 잘 들으니 주인은 기쁘기 짝이 없다. 너무나 자랑스럽다. 이제 집으로 들어가서 각자 가장 편한 곳에 자리 잡고는 이렇게 말한다. "아, 오늘 산책 잘했다."

그런데 아조르가 특히 이런 말을 할 자격이 제일 충분하다. 왜냐하면 아조르는 걷다가도 간간이 자기가 좋아하는 곳이 나오면 끝끝내 그곳으로 갔기 때문이다.

연금 생활자 노인에게는 간혹 의사의 특별 처방으로 운동할 의무가 주어지는데, 반드시 아조르 같은 친구와 함께 산책을 나가야 한다. 그 결과 그의 산책은 주로 개의 다리를 잡아끌거나, 목줄을 당기는 일로 이루어진다.

여름 내내, 이 프랑스 노인들은 조국을 세계에서 가장 정신적인 나라로 만드는 데 이바지했다고 자랑한다. 이들은 자신에게 또 다른 종류의 **산책**을

49

허락한다. 그것은 바로 마레가[I]를 다니며, 멜론 가게 앞에서 멈춰 서는 일이다. 왜냐하면 이들은 멜론이라면 사족을 못 쓰기 때문이다. 멜론이 그들의 자부심이라고까지 할 만하다. 그들은 **캉탈루 멜론**을 샀다가 다음엔 **그로스-코트 멜론**을 사본다.[II] **그로스-코트 멜론**을 사봤다가 다음엔 **캉탈루 멜론**을 사본다. 변함없는 멜론 산책 코스다. 킁킁 실컷 냄새를 맡았으니, 이제 장 보기를 마친다. 양손에 멜론을 들고 개선장군처럼 귀가한다.

I   마레가는 일명 마레 지구로 불리며 파리 도심 한가운데 있다. 작고 예쁜 상점과 카페가 많고, 역사 유적지도 많이 남아 있는 파리의 명소이다. 파리 시청, 보주 광장, 피카소 박물관도 있고, 발자크가 자주 가서 앉아 있었다고 하는 벤치며, 빅토르 위고, 세비네 부인의 집도 있다. 거리와 골목 구석구석마다 프랑스 역사와 문화 예술에 얽힌 일화가 많다.

II   캉탈루 멜론은 인도가 원산지인데, 이탈리아로 수입되어 로마 교황령에 속한 마을인 칸탈루포에서 재배되었다. 로마 교황청이 프랑스 아비뇽으로 옮겨 올 때 같이 들어왔다고 한다. '캉탈루'라는 이름은 칸탈루포의 프랑스식 발음이다. 크기는 보통 멜론보다 작은데, 과육 조직이 훨씬 섬세해 향이 좋다. 그로스-코트 멜론은 과피 표면에 굵은 세로줄이 선명하게 그어져 있다.

일요일에는 산책자가 상당히 많은데, 이들은 정확히 다음 범주에 해당한다. 특별한 오락거리가 없거나, 오락거리가 아예 없는 가족 말이다. 존경받는 가문처럼 가족 초상화 속에서는 다들 진지하지만, 실은 좀 따분한 자들이 여기에 속한다. 이들은 기분 전환을 위해 일요일 저녁이면 시내로 나가 마들렌[III]부터 바스티유[IV]까지 걸어간다.

그런데 일요일이라 상점이 다 문을 닫았다. 눈길을 특별히 둘 데가 없어 연이어 펼쳐지는 녹색 덧창들만 괜스레 바라보는데, 미묘한 농담 차이가 있어 조금은 눈이 즐거운 듯싶다가도, 단조로움에 이내 질려버린다.

연푸른 수레국화색 정장을 입은 가장은 아내와 딸에게 그 어떤 기계 운동보다 다리 운동이 중요하다며 작은 산책의 기쁨을 각인시킨다.

III   파리 8구, 마들렌 성당이 있는 마들렌 광장 주변 일대이다.

IV   1789년 프랑스 혁명 때 습격당한 바스티유 감옥으로 유명한 바스티유 광장 주변 일대이다. 파리 4구, 11구, 12구에 걸쳐 있다.

자, 여기 또 다른 작은 산책 가족의 초상화가
있다.

비슷한 가장을 둔 또 다른 파리 가정이다. 먼
지가 이는 길 한복판을 걸어야 기분 좋은 산책이라
고 생각하는 건지 이들 가족은 정확히 일요일만 되
면 몽마르트르 언덕ᵛ을 향한다.

ᵛ 사크쾨르 성당으로 유명한 몽마르트르 언덕은 파리 도심의 북쪽인 파리
18구에 위치해 있다. 보헤미안 예술가들의 성지이다.

언덕 정상에 오르면 일단 이마에 흐르는 땀을 닦고, 옷을 하나둘 벗는다. 넥타이도 푼다. 그리고 너른 돌 위에 옹기종기 다정하게 모여 앉는다.

이어, 족히 세 시간은 되게, 저 멀리 보이는 앵발리드의 둥근 지붕과 노트르담 성당의 탑을 하염없이 바라다본다. 1년에 52번을. 그래도 왠지 항상 새로운 기쁨이 인다.

제4장

산책자보다
더 도덕적인 자가 있을까

당신에게 진실만을 말하노니, 현대의 자선가들 덕
분에 인간의 삶이 향상되고, 우리 풍속에서 살인이
나 도둑질, 그 밖의 다른 부정행위들이 사라진 것은
맞다. 그 덕분에 훌륭한 훈화 말씀을 하는 분들과
백신이나 다름없는 도덕을 노래하고 찬양하는 시
인들을 치하하는 상을 제정하는 대신, 여러 수단으
로, 모든 사회 계급이 산책이라는 취미를 갖도록 권
장하게 되었다.

　나는 농담하는 게 아니다. 내 견해는 존중받아
마땅하다. 왜냐하면 나의 견해는 정직하기 때문이
다. 산책을 하는 자는 덕이 가득한 인간임이 분명하

다. 당신도 내가 세상을 보는 방식대로 세상을 보고 싶다면 지금부터 몇 분만 내가 하는 말을 들어보기를, 아니, 내 글을 몇 줄만이라도 읽어보길 바란다.

산책자는 주로 무슨 생각을 할까? 아무 생각도 안 한다. 당신은 내게 그리 말할 것이다. 맞는 답이다. 당신은 내게 그 이유를 설명하기 위해 확실한 논거를 제공하려 들 것이다.

당신 스스로 이제 막 그것을 인정했듯이, 그렇다면, 우리의 산책자가 아무런 생각도 하지 않는 그 순간부터 나쁜 것도 생각하지 않는다고 봐도 무방할 터이다. 따라서 당신은 호주머니에 손을 집어넣고 코를 앞으로 내밀고 당신 앞으로 걸어오는 자가 당신의 코담뱃갑을 채가거나 당신의 스카프를 슬쩍 빼 간 자라고는 상상도 못 할 것이다. 이 용감하고 선량한 자가 정말 지긋지긋한 소매치기일 것이라고는 상상도 못 할 것이다.

산책자는 아주 작은 범법행위라도 저지를 생각이 추호도 없다. 아무리 숲이 우거진 곳이라 해도 말이다. 법 없이도 살 사람이라 단 한 번도 사법 당

국이나 치안 경찰의 눈총을 받아본 일이 없다고 장
담할 수 있다.

죄지은 게 많은 사람이라면 태양이 무서워 밖
에 핼쑥한 가스등이 켜지기 시작할 때에야 나간다.
그리고 파리 시내에 볼일이 생기면, 달이 뜨기 전이
나 가로등이 켜지기 전에 잽싸게 나가서 사람들 무
리 속에 섞인다. 그는 항상 또 다른 유형의 산책자,
그러니까 치안 경찰이라는 이름이 붙은 직업적 산
책자를 바로 마주 보는 일이 두려운 것이다. 이 치
안 경찰이 부여받은 특별 임무는, 만나는 모든 사람
의 얼굴에서 용의자의 얼굴을 찾아내는 것이기 때
문이다.

범죄자들에게 삼각모¹를 쓴 치안 경찰의 머리
는 메두사의 머리처럼 보인다. 아니, 그보다 더 위험
한 것일 수 있다. 왜냐하면 그 머리는 그저 이 불운
한 자의 온몸을 마비시킬 뿐만 아니라, 한번 그 굵은

I   삼각뿔 모양으로 17세기에 처음 나타난 모자 형태인데, 주로 군인들이 쓰던
모자였다. 18세기에 특히 유행했으며, 이후 19세기 나폴레옹 시대에도 유행
했다.

팔뚝에 붙들리면 절대 빠져나올 수 없기 때문이다.

어떻게든 이 마케르[II] 같은 자를 밀어내기만 하면, 이제 경찰들은 그저 누리끼리한 반바지를 입은, 신도 아니고 어차피 죽을 운명인 인간으로밖에 비치지 않는다. 그러니 우리의 대역죄인께서도 순수한 산책의 기쁨을 맛보게 되는 것이다. 막 죄를 저지른 자도 튈르리 공원에서 아이들이 노는 것을 보며 감미로운 한 시간을 보낼 수 있다. 그다음에는 아까만큼이나 감미로운, 아니 아까보다 훨씬 감미롭고 순수한 60여 분을 보낼 수 있는데, 튈르리 공원의 연못에서 작고 붉은 물고기들이 뛰노는 것을 보는 것이다.

늘 얼이 빠져 있는 자들에게는 이런 여유가 없다. 아니, 절대 불가능하다. 포도주 상점의 계산대 주변을 어슬렁거리거나 독한 브랜디만 찾아 마시

II   로베르 마케르는 극작가 뱅자맹 앙티에가 창작한 이야기의 주인공으로 온갖 범법을 일삼는 사기꾼이다. 이 작품은 1823년 〈아드레의 여인숙〉이라는 제목으로 처음 연극 무대에 올려진 후 인기를 얻어 캐리커처, 판화 등으로도 많이 그려졌고, 연극과 영화로 다시 각색되기도 했다.

62

는 자들에게는 절대 있을 수 없는 즐거움이다.

산책자는, 도둑이라기보다는 오히려 도둑맞는 자다. 쉬스, 마르티네, 그리고 오베르[III]는 스카프를 점심으로 먹어치우고 코담뱃갑을 저녁으로 먹어치우는 자들과 괜히 공범이 되었다.

이 우스꽝스러운 옷차림을 한 자와 그의 호주머니를 동시에 보는 건 무척 힘든 일이다. 적어도 양쪽 눈이 둘을 함께 보거나, 아니면 **사팔뜨기**처럼 눈을 하나씩 뜨고 둘을 따로 봐야 하기 때문이다. 따라서 한 구역을 보는 데 모든 시각 기관을 총동원해 온 신경을 집중해야 한다. 마케르의 속임수 기술을 풍자한 도미에의 그림도 있지만, 그의 이야기를 들으며 웃다가 스카프고 호주머니고 지갑에 있는 것까지 다 털리는 사람도 있다. 산책자들은 평소 신경질적이거나 쉽게 분노하는 자들이 아닌데도, 다른 사람도 아니고 동료와 지인을 상대로 이런 사기와 변태 행각을 벌이는 것에는 분노에 치를 떤다.

III　당시 명품을 팔던 상점 또는 상점주의 이름이다.

형벌 중에서도 가장 엄한 벌이 그런 자들의 머리에 떨어져야 그나마 속이 풀릴 것이다. 단두대도 이들한테는 약한 처벌이다.

이런 도둑에 대해 일말의 동정심도 없는 산책자가 취하는 행동은 다음과 같다. 이 도둑이 만일 꼬리를 끊고 도망치는 도마뱀처럼 치안 경찰이나 사법망을 피해간다면, 본인이 직접 민간 경찰이 되어 이 범인들을 추격할 수도 있는 것이다. 호주머니에 넣어둔 스카프가 적어도 이제는 가슴 위에서 힘차게 휘날린다.

산책자는 이토록 도덕적인 자다.

제5장

무위도식자

우리가 독자들에게 간곡하게 부탁하는 것이 있으니, 이토록 아름다운 수식어를 달기에 적합하지 않은 사람들이 있어 산책자를 단 하나의 특질로 규정할 수 없음을 양해해 달라는 것이다. 하여 이제 그 다양한 변종을 소개할 터이니 이에 각별한 주의를 기울여 주시기 부탁드린다. 우선 그냥 보기에는 산책을 하는 것 같지만 산책자에게 요구되는 자질이 한 가지, 또는 여러 가지 부족한 자들이다.

이런 가짜 산책자 중 첫 번째는 무위도식자다. 놀고먹는 무위도식자와 산책자의 차이는 탐식가와 미식가의 차이만큼 크다.

무위도식자는 생드니 문에서 생마르탱 문[1]까지 가는 데 세 시간이 걸린다. 물론 처음에는 발길 닿는 대로 갈 수 있으니까 좋다. 그거야 좋다. 그러나 무위도식자는 이 세 시간, 300보를 한심한 방식으로, 아니 멍청한 방식으로 다 소비한다. 이 단순한 운동을 하면서, 아무것도 보지 않고, 아무것도 살피지 않고, 아무것도 듣지 않는다고 가정해 보라. 그냥 60분 동안 걷기만 하는 것이다.

예쁜 상품도 많고, 예쁜 아가씨도 많은 상점 앞에서 멈추지도 않고 **페르라갈레트** 가게 앞에서 35분을 그냥 서 있는 것이다. 단단한 반죽을 자르는 것을 보면서 눈과 입이 크게 벌어지기는 하지만 그걸로 끝이다. 아무 생각이 없다. 물건을 질리게도 많이 사

---

[1]   생드니 문은 파리 10구에 위치한 개선문 형태의 문이다. 1672년 건축가 프랑수아 블롱델이 루이 14세가 귀족들의 반란을 제압하고 군주로서 위엄을 보이기 시작할 무렵 루이 14세의 영광을 기리며 세웠다. 옆의 부속 성벽들은 다 사라졌지만, 문은 지금도 남아 있다. 생마르탱 문은 파리 3구에 위치한 역시나 같은 개선문 형태의 문으로, 루이 14세의 명에 따라 1674년에 세워졌다.

는 여자들을 봐도 아무 생각이 없고, **쿠프 투주르**" 영
감 같은 태연자약한 노인을 봐도 아무 생각이 없다.
아니, 그 어마어마한 반죽을 보고도 아무 생각이 없
다니. 아까 봤던 그 반죽 말고 이번에는 다른 크기의
반죽이 나오는데, 입이 떡 벌어질 정도로 정말 크다.
그런데도 고개를 돌리고는 그냥 간다.

그러다 갑자기 우리의 무위도식자는 몰려 있
는 사람들 사이로 들어간다. 열 발짝쯤 떨어진 곳에
서 결투를 벌이는 두 숙적이 보인다. 아니다. 사랑
을 나누는 것인지 싸우는 것인지 도통 알 수 없지만
서로 죽도록 몸을 맞대고 있다.

만일 싸움이 30분 연장되면 그도 30분 더 있게
될 것이다. 싸움이 그닥 흥미를 불러일으키지 않아도
아무튼 이 무위도식자는 거기 줄창 있게 될 것이다.

---

ll   원어는 'Coupe-Toujours'로 '늘 자른다'는 뜻이다. 1840년에 발표되
      었던 노래 〈쿠프 투주르 영감〉이라는 노래에서 가져온 이름으로 보인다.
      1858년에 출간된 여행 안내서 『스탠퍼드 파리 가이드』에서는 "갈레트 가게
      에서는 쿠프 투주르 영감이 바쁘게 움직이면서 먼저 돈부터 받은 뒤 갈레트
      를 준다"고 설명되어 있다. 이를 볼 때 갈레트 가게에서 쉴 새 없이 반죽을
      자르는 노인을 가리키는 말로 보인다.

다른 새로운 곳으로 이동하기 위해선 영혼까지 끌어모아야 한다. 그래야 발이 겨우 떨어진다.

무위도식자가 검은머리방울새 한 마리가 날개를 퍼덕이는 비극적인 장면을 목격했다고 가정해 보자. 누군가 그 새를 새장에다 집어넣으려고 애를 쓰다 생긴 일이겠지만, 무위도식자는 그걸 보느라 오후를 다 쓴다. 영리한 산책자는 이를 15분 정도만 진지하게 바라본다. 이 장면을 보려고 달려와 창문에 붙어 있는 예쁜 아가씨들도 이 광경을 훔쳐보면서 시간을 알뜰히 쓰는 것이다.

무위도식자는 이 검은머리방울새가 새장에 들어가는 것을 보았으니 이제 자기도 집으로 돌아간다.

이런 자는 예술가를 괴롭히는 골칫거리가 되기 마련이다. 그는 예술가의 집을 찾아가 방에 들어오자마자 제일 편한 안락의자에 푹 꺼져 있는다. 담배에, 아니 줄담배에 불을 붙이고, 하루 종일 피운다. 뭐라 떠들어대고 하품을 한다. 아주 귀찮게는 안 할 테니 자기는 없는 셈치고 편하게 일하라고 한다.

그가 떠들어대는 이야기에 당신이 좋아하는 것이 조금이라도 있으면 몰라도 산책할 때와 마찬가지로 그는 한심하게 보이기 십상이다. 이야기도 항상 제자리다.

그가 무슨 이야기를 들려주겠다고 하면, 십중팔구 이야기를 중반까지도 못 끌고 갈 것이다. 당신의 호기심이 서서히 일어나기 시작할 무렵, 이미 그는 졸면서 이야기할 수도 있다. 그렇다면 차라리 조용히 자게 내버려 두라. 그가 휴식해야 당신도 휴식하니까.

그래도 이 자는 행복한 사람이다. 왜냐하면 이런 자들은 꾸물대는 습관 때문에 결혼하지 못하는 경우가 대부분이기 때문이다. 마음에 드는 아가씨를 만나 청혼해야지 생각은 하면서도 꾸물거리다 꼭 3주는 늦는다. 그러는 사이 훨씬 날쌘 다른 놈한테 이 아가씨는 이미 마음을 빼앗겼으니 말이다.

요행히 결혼하는 자도 있는데, 그래도 여전히 행복한 편이다. **범죄물 같은 영국식 농담**을 해서 아내를 놀라게 하는 일은 결코 없을 테니까. 더욱이 나갔다가도 두 시간 좀 못 되면 바로 들어오니, 아내가 남편에 대해 궁금해할 시간도 주지 않는다.

가끔은, 본의 아니게 한 장소에서 아주 오랜 시간을 머물다 오는 경우도 있다. 멍하게 산책을 하거나, 굴뚝에 난 불이나 날아가는 방울새를 너무 집중해 보거나, 타르를 부어 새로 정비한 인도를 걷다 뒷다리가 빠질 정도다.

그러나 시간이 걸려도, 세심함과 인내력을 발휘해 결국은 무탈하게 빠져나온다. 장화는 비록 못 빠져나왔지만.

PREG'HOMME

제6장

외지에서 온 구경꾼

자연사^I에 무지해서 그럴 수 있는데, 이들을 매우 도덕적인 산책자로 분류하지만 이들은 단순한 구경꾼, 특히나 카르팡트라^{II}, 런던, 캉페르^{III}, 상트페테르부르크^{IV} 같은 외지에서 온 구경꾼일 수 있다.

우리가 말하고 싶은 자는 이른바 여행객인데,

I   산책자의 유형을 자연 생물처럼 분류해서 기술하므로 나온 표현이다.

II 프랑스 남동부 프로방스알프코트다쥐르 지방의 도시다.

III 프랑스 북서부 브르타뉴 지방의 도시다.

IV 러시아 제2의 도시로, 18세기 초 표트르 1세 때 이 도시로 천도한 후 '성 베드로의 도시'라는 뜻의 '상트페테르부르크'라 명명했다. 귀족 문화의 옹호자였던 예카테리나 2세 때 독일 및 프랑스의 유럽인들이 이 도시로 많이 들어와 이른바 국제도시로 변모했으며, 지금도 유럽 문화의 영향이 많이 남아 있다. 레닌이 죽자 그를 기념하여 '레닌그라드'로 불리기도 했다.

파리의 기념탑을 보기 위해 인생에 딱 한 번 50리외, 100리외, 또는 300리외^ᵛ나 여행한 자들이다. 카브리올레^{ᵛ¹} 끄는 골격 좋은 말을 8일간이나 끌고 다녀 기진맥진하게 하는 자들이다.

해가 뜰 때부터 달이 뜰 때까지, 우리의 쾌활한 산책자는 팔 밑에 지도를 끼고 다니거나 파리 지도가 인쇄된 손수건을 호주머니에 넣고 다니며, 미로 같은 파리 골목을 헤맬까 봐 5분마다 지도를 꺼내 확인한다. 파리에는 적어도 1500개 아니면 1800개의 길이 있어 시내를 완행하는 합승마차의 도움을 받지 않는 이상 고전하게 되어 있다. 방돔 광장의 원기둥을 보러 간다고 출발했는데, 7월 원기둥^{ᵛ¹¹} 앞에

ᵛ   리외(Lieue)는 옛 거리 단위다. 1리외는 약 4킬로미터이다. 앞에 열거된 도시와 파리 사이의 거리를 열거한 것으로 보인다.

ᵛ¹   말 한 마리에 바퀴 두 개 달린 마차. 마차 포장을 뒤로 젖힐 수 있다. '카브리올레(cabriolet)'는 '깡충깡충 뛰다'라는 뜻의 동사 'cabrioler'에서 나왔다. 카브리올레는 가볍고 잽싸게 달려 약간 불안정해도 좁은 길이나 빠져나가기 힘든 통행로도 비교적 쉽게 다닐 수 있었다. 여기서 유래해 현대에는 자동차 루프를 젖힐 수 있는 차종을 보통 카브리올레라 한다.

ᵛ¹¹   1830년 7월 혁명을 기념하기 위해 바스티유 광장에 1835년과 1840년 사

서 있기도 한다. 다리는 공중에 떠 있고 입으로 나팔 부는 **나폴레옹**을 발견하기도 하는데, 전에 석판화, 아니면 꿈에서 보았던 나폴레옹과 별로 닮지 않아 실망한다. 그것만이 아니다. 팡테옹의 멋진 둥근 지붕을 보겠다며 단단히 벼르고 나왔는데, 앵발리드의 둥근 지붕을 보며 감탄하고 있기도 하다.

그런데 이 정도는 약과다. 왜냐하면 이 구경꾼은 아침에 일어나면서 속으로 이런 말을 했기 때문이다. '오늘은 기념물 열한 개를 볼 거야.' 저녁 시간까지 내면 열한 개 정도는 거뜬히 볼 수 있다고 생각하는 것이다. 하루를 한 순간도 허비하지 않았으므로 **티투스 황제**[VIII]라도 된 양 흡족한 마음으로 잠든다.

기념비 앞에 도착하기 무섭게 눈을 들어 올려

이에 세워졌다.

VIII   로마의 황제. 티투스 치세 기간에 베수비오 화산이 폭발하는가 하면, 로마에서 대화재가 일어나는 등 불행한 사건이 많았다. 로마의 콜로세움은 아버지 베스파시아누스 황제 때 착공하여 티투스 황제 때 완공하였다. 이처럼 티투스 황제는 로마를 재건하는 데 헌신했다.

원기둥과 그 밖의 몇몇 장식물을 본다. 그래도 기념비적인 유적이니 5분 정도는 투자한다. **여행 안내서**에 적힌 설명을 읽는 데 4분 걸린다. 읽기를 마치면 혼잣말로 정리한다. **"원기둥, 쇠시리 돌출부, 갓돌 수평부. 아, 이건 알아. 최근에 이건 다 봤는데!"** 이제 다른 기념비로 향한다. 그 앞에 가서 또 **여행 안내서**를 읽는다. 저녁까지 계속 이렇게 하는 것이다.

예를 들어, 미술관에서는 그림을 착각할 우려가 별로 없다. 지난해에 나온 책자에 그림의 위치까지 다 설명되어 있으므로 굳이 나서서 찾지 않아도 되기 때문이다. 그러나 이런 경우는 드물고, 대부분 사기술이 능한 장사치를 만나기도 한다. 이들은 코만 보고도 외지 사람임을 알아보고 접근한다.

숲속을 헤매듯 수많은 그림 속에 **트라팔가 전투** 그림을 찾다 머리가 지끈거릴 수 있다. 아니면 국민방위대[IX] 소속인 한 대령의 초상화를 보다가 옆

[IX] 프랑스 혁명 당시 창설된 조직으로, 시 또는 읍, 면 등 최소 단위 행정 구역별로 조직된 일종의 민병대이다. 평상시에는 도시의 질서 및 치안 유지 등을 담당하나 전쟁이 나면 정규군의 보충 병력으로 편성되기도 했다. 나폴레

에 있는 B 백작부인의 초상화에 자꾸 눈길이 갈 수
있다.

이들처럼 겉만 핥는 게 아니라 좀 더 자세히
구경하는 자들도 있다. 그러니까 방문하는 유적지
를 철저히 살펴보는 것이다. 밖에서만 보는 것에 만
족하지 못하고 항상 그 안으로 들어간다. 생쉴피스
성당ˣ의 제실 수를 일일이 세어보는가 하면, 방돔
광장의 원기둥 계단 수까지 센다. 왕성한 탐구열 때
문에 이들은 오벨리스크 안도 보여달라고 한다.

도박에서도 한 번에 돈을 몽땅 다 거는 자들
이 있듯이 구경에서도 이렇게 병적인 자들은 못 말

옹 치세 시절 국민방위대는 더욱 강화되어 많은 활약을 했다.

ˣ　파리 6구 오데옹 근처에 있는 성당으로, 노트르담 성당 다음으로 파리에서
유명한 성당이다. 1915년부터 문화유적지로 지정되었는데, 안에 있는 여
러 제실 안에는 유명한 조각상과 성화들이 있다. 들라크루아의 명화 〈천사
와 싸우는 야고보〉도 '천사들의 제실' 안에 있었다. 이 성당에서는 결혼식과
장례식도 치러졌는데, 빅토르 위고도 이 성당에서 결혼했고, 프랑스 혁명사
에 등장하는 데물랭도 로베스피에르가 동석한 가운데 이곳에서 결혼식을
치렀다. 수년 전 대성공을 거둔 베스트셀러 『다빈치 코드』의 무대도 이곳이
다. 현재 생쉴피스 성당 앞 광장을 바라보는 기다란 벽에는 시인 랭보의 「취
한 배」가 쓰여 있는데, 근처 선술집에 랭보와 베를렌이 자주 드나들었다고
알려져 있다.

린다. 18개월 전부터 같은 내용의 편지를 계속해서
보내오는 사람도 있어, 이런 자들을 응대하느라 괜
히 프랑스 문화재 관리국장들이 고생이 많다. 병이
잠잠하다가 재발한 자처럼 생각만 나면 같은 내용
의 편지를 보내고 또 보내는 것이다. 이런 편지들

가운데 예를 들어 그르넬 우물[XI] 내부를 좀 볼 수 없겠느냐는 것도 있다.

아니면 자르댕데플랑트[XII]에 대해 제발 좀 소상히 알려달라고 사정을 한다. 거긴 쉽게 방문할 수 있는데도 말이다. 입구를 지키고 서 있는 퇴역 장교 같은 보초병한테 일일이 인사할 필요도 없는데 말이다.

이런 외지 구경꾼은 호기심이 다 풀려야 직성인 듯싶다. 자연사 박물관에 들어가면 광석관에 있는 조약돌을 다 세고, 식물관에 있는 이국적인 풀과 식물에 대해서도 다 알아봐야 한다. 심지어 코끼리 어금니 숫자까지 셔츠 단추를 세듯 센다.

정원이니까 식물만 있다고 생각하겠지만, 거기서는 동물도 많이 기른다. 구경을 하다가 정신을 딴 데 팔면 그래서 위험할 수 있다. 코끼리들이 영

XI   1833년부터 1841년까지 처음으로 굴착 공사를 해 만든 인공 샘으로, 파리 15구 조르주 뮐로 광장에 지금도 세워져 있다.

XII   파리 5구에 있는 식물 정원으로, 프랑스 국립 자연사 박물관의 일부이다. 야외 공원이라 접근이 용이하다.

리하긴 하지만, 가끔 뭔가 호기심 가는 물건이 보이면 방문객의 팔을 느닷없이 잡아당길 수도 있기 때문이다.

제7장

부랑자

산책은 공무원이나 연금 생활자나 변론 없는 변호사나 군인들, 한마디로 여가를 누릴 수 있는 사람들이나 하는 거라고 생각하는가? 사실 산책은 모든 사람이 다 할 수 있다. 기분 전환을 하고 싶은 사람이라면, 시간을 소비할 수 있는 사람이라면, 누구나 다 할 수 있는 거라 생각할 것이다. 그런데 이건 우리 산업화 시대의 특성을 몰라서 하는 말이다. 동료 시민의 지성을 모욕하는 말이다.

우리 같은 선진국의 도시에서는 물, 공기, 불, 땅, 사랑, 명예, 정신, 물자 그 모든 게 사고 팔리고 임대되고 임차된다. 한마디로 모든 게 다 활용된다. 산책 역시나 어떤 방식으로든 활용되어야 한다. 문

명의 진보를 앞당기는 방향으로 나아가야 한다는 철학적 목표하에 세금을 거둬들일 수 있는 수단을 몇몇에게는 제공해야 한다.

심오한 정치 경제학적 관점에서 보면, **부랑자**는 다양한 종류의 가정에서 탄생했다. 통계 수치로만 보면 산책의 수요는 제법 풍부하다. 무슨 말인가 하면, 일어는 났는데 어디에서 저녁 식사를 할지, 어디에서 잠을 자야 할지 모르는 인구가 파리에만 대략 3만 명이나 된다는 것이다. 이런 문제에는 대략 다음과 같은 해결책이 나올 확률이 높다.

저녁 식사: 이웃에게 신세를 진다.
잠자리: 위와 같음

그러나 만일 모든 게 여의치 않은 날이면 보통 이런 식으로 해결한다.

저녁 식사: 안 함
잠자리: 바이올린 위에서

이런 걸 일일이 다 말하려면 너무 길어질 것이고, 연구도 많이 해야 한다. 이건 우리가 원하는 바도 아니고, 특히나 쓰는 거야 할 수 있다 쳐도, 읽는 여러분은 거의 소논문을 읽어야 하니 지겨울 것 같아 주목할 만한 몇 가지 예만 들기로 한다.

당신이 잘 아는 사람은 아니지만 그래도 공공 장소에서 만나곤 하는 이 친구들은 항상 당신에게 미소를 지어 보이고 손짓을 하며 인사를 한다. 그러나 결국 어느 날, 당신에게서 20프랑을 빌려 갈 것이다. 이 자는 부랑자다!

몹시 바쁜 사람처럼 어느 상점으로 급히 들어 가는 남자가 있다. 사실 간판에 적힌 이름을 보고 들어간 것이다. 이 이름을 내건 양품점이나 잡화점 주인에게 이렇게 말한다. "아이고, 바르나베 씨, 저는 옆집 사는 사람입니다. 26번지요. 방금 물건을 하나 샀는데 5프랑이 부족해요. 집으로 다시 올라가기가 좀 그래서 그런데 제가 바로 돌려드릴 테니 조금만 빌려주시겠어요?" 이 자는 부랑자다!

대머리에 붉은 리본 장식을 하고 나타난 이 양

반은 점잖은 태도에, 제법 공손한 표정까지 짓고 있어 홍수나 화재, 아니면 당시 유행하는 어떤 불행한 희생자들이 받아 갈 만한 호의적 동정을 다 받아 간다. 이 자는 부랑자다! 당신이 호의로 베푼 돈이 이제 그의 손에서 도박장 딜러'의 손으로 넘어갈 것이다.

스트라스부르의 폴란드 사람, 페즈나의 스페인 사람, 튀랭의 나폴리 사람은 당신의 관대함에 호소하는 외국인 밀수꾼들인데, 이 자들도 부랑자다!

인생에 실패해 악마처럼 변한, 이 비열하고도 황폐한 불쌍한 자는 식당의 메모판을 불안한 표정으로 훑어본다.

17수

요리 세 종류, 포도주 작은 병 하나, 후식

23수

네 종류의 요리 선택 가능, 마콩 포도주 반병,

후식 및 **빵** 무한 제공

23수짜리는 물론이고 17수짜리도 먹을 수 없
는 자신의 처지가 기가 막히면 행인들의 호주머니
라도 털어야 한다고 생각한다. 거리의 판화상 가판
대 앞이나 박물관 매표소 앞이나 폴리치넬라[II] 인형
을 파는 간이 상점 앞이나, 아니면 심지어 자기 같
은 부랑자 무리 사이로 일단 들어가 본다. 이 자도
역시 부랑자다. 누구는 이런 자들을 **저격수**라고 부
르지만.

아침 여덟 시부터 활보하는 '**안녕하십니까 부랑**

II 이탈리아 소극이나 인형극에 등장하는 기괴하고 우스꽝스러운 복장을 입
은 인형.

자도 있다. 이 자는 이 집 저 집 다니면서 문 열어주는 데가 있으면 들어간다. 뭐라도 주는 데가 있으면 받고 싫다고 하면 인사만 하고 물러난다. 깨워서 미안하다고 사과하면 그만이다.

그리고, **미국인** 부랑자도 있다. 순진하게 생겨서 등에 안장 가방[III]을 메고 다니는 자를 행여 만날까 싶어 이리저리 거리를 활보한다. 이런 가방을 멘 자를 만나면 알아들을 수 없는 말을 해가며 2에퀴를 1기니[IV]로 교환해 주겠다고 한다. 그럼 이 순진한 자는 황금에 눈이 멀어서인지 원래 바보라서인지 냅다 그러자고 한다. 나중에 보면 그건 금화가 아니라 은화, 아니면 주화, 아니면 겉에 금칠을 한 몇 수짜리 동전, 아니면 돌돌 말아서 갖고 다니는 토큰 같은 거다.

마지막으로, 같은 범주에 들어가는 야행성 산

III 가죽 천으로 된 어깨끈 달린 가방인데, 기병들이 주로 메는 가방이다. 기병을 함의하는 듯하다.

IV 영국의 21실링에 해당하는 옛 금화.

책자가 있다. 아니, 대도시의 소박한 꽃들이 있다. 강렬한 태양 빛도 참을 수 없고, 희미한 가로등 불빛도 참을 수 없고, 오로지 쓸쓸한 길의 어둠 속에서만 만개하는 꽃이다. 아니다, 이들은 경찰서 온실에서나 필 꽃일 수도 있다. 꽃을 사랑하는 분들에게는 이들을 꽃에 비유해서 미안하다.

이런 부랑자의 가장 주목할 만한 예라면, 바로 실천가 철학자다. 이 자는 날이면 날마다 유쾌하다. 불편한 것도 없지만, 사치스러운 것도 없다. 그는 돈복이 있기를 바라지도 않는다. 세상의 모든 편견을 벗어던지고, 다른 사람이 거부하는 것에 바로 적응한다. 적게 먹고 많이 마시고, 항상 이렇게 소리 지른다.

옴니아 메쿰 포르토(나는 전 재산을 들고 다닌다)![V]

V   원어는 'Omnia mecum porto!' 그리스의 일곱 현자 중 한 명인 비아스의 명언인 'Omnia mea mecum porto'에서 'mea(나의)'가 빠진 것인데, '나는 내 모든 것을 지니고 다닌다', 즉 '내 자신이 내 전 재산이다'라는 뜻이다.

한마디로 말해, 프롤레타리아 산책자, 부랑아의 왕, 프랑스의 넝마주이다!

제8장

완벽한 산책자

튼튼한 다리, 열린 귀, 밝은 눈. 만일 파리에 산책자 클럽을 만든다면 이것들이 이 클럽 회원이 되기 위해 갖춰야 할 주요한 신체적 조건이다. 모든 산책로를, 모든 보도를, 모든 강변을, 모든 광장을, 파리의 모든 대로를 성큼성큼 다니려면 무엇보다 다리가 튼튼해야 한다. 공공장소에 평소처럼 모이는 무리 속에서 영혼이 담긴 말이 들릴 때가 있다. 또는 바보 같지만 들으면 기분 좋아지는 말도 있다. 이걸 하나도 놓치지 않으려면 좋은 귀가 있어야 한다. 마지막으로, 예쁜 점원 아가씨도 보고 기괴하게 생긴 얼굴도 보고 뒤죽박죽 섞인 벽보들도 보고 산책 중에 만나게 되는 늘씬한 다리도 보려면 좋은 눈이 있어야 한다.

팔르토[1]는 산책자를 위해 일부러 고안된 옷 같다. 이렇듯 자루 형태의 편리한 옷을 입고 호주머니에 조용히 손을 넣으면 사람들이 **빽빽하게** 모여 있는 데든 듬성듬성 모여 있는 데든 자기 호주머니를 자꾸 이상하게 쳐다보는 옆 사람을 무서워하지 않아도 된다. 외투는 정말 놀랍게도 **소매치기**의 수를 상당히 줄여놓았다. 호주머니에 스카프, 코담뱃갑, 작은 쌍안경 같은 것을 넣어 다닐 수 있는 신통한 외투 덕분이다. 팔르토 덕분에 **소매치기** 범죄는 줄었지만, 놀랍게도 살인이 추가되는 절도 범죄는 도리어 늘어났다. 이 야밤의 사업가들은 산책자들의 호주머니를 노릴 수 없으니, 이들을 완전히 때려눕혀서 호주머니를 턴다. 이 팔르토를 입은 자들을 골라잡아 목을 비틀거나 때려눕히는 것이다. 이 호주머니 달린 외투는 매력 만점이었지만 그만큼 치명

---

[1] Paletot. 망토처럼 생겼거나 자루처럼 생긴 모직 외투로 길이는 주로 허리 부분까지 오는데 비교적 깊고 길게 파인 호주머니가 달려 있다. 다른 옷들 위에 걸쳐 입는다.

적이었다.

아마도 산책자 클럽에 소속되기에 가장 적합한 심장과 다리를 가진 사회 계급 세 개가 있다면, 시인, 예술가, 그리고 수습 서기이다.

시인들이라고 해서, 서사시를 쓰듯 운율을 맞춰야 하는 건 아니다. **결혼식 부케처럼** 최상의 아름다움을 뽐내야 하는 것도 아니다. 그냥 시적이기만 하면 된다. **운율 사전** 같은 데서는 절대 찾아볼 수 없는, 마음에서 우러나온 아주 드문, 한마디로 자신만의 상상력으로 쓴 시이기만 하면 된다.

산책자는 소설 한 편을 쓰기도 한다. 앞머리에 살짝 베일을 드리운 아리따운 부인과의 만남, 아니, 이런 비슷한 만남들을 그린 옴니버스 형태의 소설이다. 소설을 하나 쓰고 나면, 이제 박학다식한 천재들에게 감탄하며 상당히 고매한 철학적, 사회학적, 인문학적 성찰을 한다. 이렇게 사색한 결과, 서로 싸우고 있는 풍뎅이들만 봐도 비로소 진짜 성 게

오르기우스"의 결투를 보는 것 같다고 생각한다.

　　예술가는 산책자이기도 하다. 예술가에게 산
책은 진정한 필수품이다. 서재나 작업대에서 다섯

ⅱ　　서기 3~4세기에 살았던 가톨릭교 성인으로, 실제 전기 자체는 명확하지 않
　　　다. 용을 물리쳤다는 전설에서 영감을 받아 유럽 기사들의 수호성인이 되었
　　　다. 유럽 남자들의 이름인 조지, 조르주, 조르조, 게오르크, 호르헤 등은 이
　　　성인의 이름에서 따온 것이다. 서양화에서 용과 싸우는 전사로 묘사된다.

시간을 보냈으니 야외 학교[III]에 나갈 자격이 있다. 작업을 한 다음에 나가거나, 아니면 가끔은 자신에게 작업 전에 나가는 것을 허용한다.

게다가, 예술가는 입장이 자유로운 덕에, 극장가에서 그들만의 특별한 산책을 만끽할 수 있다. 악단석 입구부터 다른 모든 방을 훔쳐보러 갈 수도 있고, 무대 뒤에서 젊은 **생쥐들**[IV]과 캉캉 춤을 출 수도 있다. 신께서는 이 무대 뒤가, 특히 오페라 극장의 무대 뒤가 험담하기 좋아하는 생쥐들의 은신처라는 것을 잘 알고 있다.

III 원어는 'école buissonnière'이다. 직역하면 '덤불 숲 학교'쯤 되는데, 학교를 빼먹고 바깥에 나와 노는 것일 수도 있지만, 학교 건물이 아닌 교외나 숲, 밖에서도 배울 수 있는 게 많아 '학교(école)'라는 단어가 붙는다. 이 단어의 유래는 마르틴 루터 시대로 거슬러 올라간다. 16세기 종교개혁 운동 당시 루터파 사제들은 민중에게 공공장소에서 그들의 새로운 교리를 가르치기 여의치 않아 전원이나 숲으로 들어가 비밀리에 수업을 했다고 한다.

IV 젊은 무용수를 뜻하는 은어이다.

이어, 11시가 되면 다른 국민방위대처럼 숙소로 들어가 눕는 대신, 한 군데 더 들렀다 간다. 그로-카이유ᵛ에 소재하고 있는 **디반**ᵛ¹ 가운데 하나로 들어가는 것이다. 동방에서 온 담배를 거기 가면 피울 수 있으니 말이다.

그리고 마지막으로, 예술가 산책자는 완벽히 행복할 수밖에 없다! 왜냐하면 그는 **돈, 전투, 개** 아니면 **고양이**를 꿈꾸는 대신, **쿠르티유**ᵛ¹¹ 언덕길을 내려오는 퉁퉁한 소의 행차를, 아니면 그 어떤 행차라도 감상하기를 꿈꾸기 때문이다.

ᵛ 파리 7구에는 파리 군사학교 및 앵발리드 건물이 있는데, 이 건물의 바로 옆 구역을 가리킨다.

ᵛ¹ 터키 또는 오스만투르크 문화에서 유래한 단어라 동양풍을 그대로 살리기 위해 원어대로 옮겼다. 등받이나 팔걸이가 없는 긴 소파형 의자나 침상을 가리키는 말로, 오스만투르크 제국 어전 회의실에 놓던 고급스러운 긴 의자이기도 하다.

ᵛ¹¹ 옛날부터 파리 유흥가가 많이 몰려 있던 곳으로, 도시 축제가 많이 열렸다. 오늘날 파리의 메닐몽탕이나 벨빌 일대이다.

제9장

군인 산책자

군인 산책자의 장으로 이 작은 책을 먼저 시작하는 것이 훨씬 합당했을 수 있다. 그도 그럴 것이 통계에 따르면, 40만 산책자 중 강경 산책자가 대략 39만 3천 명인데, 이는 프랑스 군인의 수이기도 하기 때문이다. 부상병을 감안하면 여기서 몇 명은 빼야 할까? 꼭 그렇지는 않다. 병원은 사실상 군인이 잡역을 피할 수 있는 피난처다. 버터를 넣은 수프를 먹을 수 있는 곳이기도 하다. 한마디로 달콤한 것들과 특별한 산책이 보장된 궁전이자, 고통을 조금이라도 덜어낼 수 있는 안식처인 것이다.

　군인은, 이론의 여지 없이, 무엇보다 특히 산책자여야 한다. 앞에서 말한 무위도식자나 부랑아,

아니면 답답하고 고지식한 자들보다도 더! 이렇게 말한다고 해서 놀랄 일은 아니다. 40만가량 되는 이 불쌍한 악마들이 깊은 평화 속에 잠시 들어가는 것을 원하지 않는가? 적어도 연못 속의 곤들매기처럼 서로 잡아먹지는 않을 것 아닌가. 아니면 괜히 민간인들을 잡아 족치는 일도 없지 않을 것 아닌가. 직업이 죽이는 것인 자는 적어도 시간이라도 죽여야 한다. 자랑스러운 우리 프랑스 용사들을 이기는 유일한 적이 바로 시간이다. 시간이라는 이 힘 빠진 늙은 군인은 건장한 기병, 보병, 공병을 보면 더 잔인하고 흉포해진다. 무기가 뭐든, 계급이 뭐든, 프랑스의 제독 원수부터 말단의 양아치 병사들까지 모두 자기 방식대로 시간을 공격한다. 죽기 아니면 살기로 시간과 치열한 전투를 벌인다.

비만에다 통풍에 걸린 장교는 자기 지위에서 물러나, 안락의자 안에서나 진짜 자기 적을 기다린다.

훨씬 민첩한 장군은, 궁정 내실에서, 아니면 장관실에서 이 적을 추격한다.

대령은 불로뉴 숲이나, 집회소, 왕립 극장 대기실에서 총검으로 그를 위협해 사자 굴까지 추격한다.

중대 또는 전투부대의 대장들은 어떤가 하면, 식당, 그것도 비싼 정식을 먹을 수 있는 식당이나 푸짐한 만찬장, 고기 파티장에 그를 가둬놓은 다음 식량 창고를 턴다. 식도락은 재력가의 취미만이 아니라 이 육중한 어깨들의 취미이기도 하다. 적이 가장 팔팔하게 살아 있을 때 생포할 수 있는 좋은 전략이다.

대위나 중령, 소령은 주로 담배, 카드, 도미노, 당구, 아니면 모범 병사들의 **군율**에 해로운 다른 것들에 속수무책으로 빠져든다. 뛰어난 장교 가운데는 부대 근처에서 가장 가깝고 가장 예쁜 카페의 여주인을 허구한 날 찾아가는 단골도 있다. 하기야 사랑과 규율을 화해시키는 방법이 있다는 것을 잊어서는 안 될 것이다.

선심 공세'에 완전히 이용당한 하사관은 가령 상관을 보면서 같은 무기를 조작하며 열심히 훈련한다.

그러나 뭐니 뭐니 해도 진정한 산책자는, 착하고 순수한 군인이다.

어서 그를 칭찬해야 한다. 보병은 가장 완벽한 순수의 상징이다. 유아기 때는 정직함의 표본이고, 어린 시절에는 겸손한 친구이다. 떠나온 고국과 고향에 대한 추억이 아직도 생생한 그는 아프리카 해안가의 모래 위에서 그를 기다리는 낙타처럼 인내심이 강하다. 숲속의 정령처럼 순수하며, 얌전한 규수처럼 단정하다. 귀족 부인이나 룰렛 게임장에 금화를 뿌리는 추태를 부리는 자가 있다면, 절대 보병이 아니다. 돈을 뿌리는 게 아니라 반대로 돈을 챙기는 데 급급한 자가 있다면, 즉 우수리를 챙기고, 축재를 하고, 공공 재산의 원천을 바닥내는 자가 있다면 절대 보병이 아니다. 아니다, 아니다. 국가 재정을 파탄 낸 건 그가 아니다! 국가에 복무하는 자들에게 국가는 항상 관대했을 뿐이다. 하루에 정확히 1수의 선심을 썼으니 말이다." 그러면 그는 이 1수를 고결하게 순환시켜 국가의 전 산업과 예술

II 앞의 'Sou' 각주에서도 언급했지만, 저자가 '수'를 쓸 때는 얼마 되지 않는 푼돈이라는 함의가 있다. 국가가 관대했다는 말 역시 반어법이다.

분야에 이 부가 골고루 현명하게 배분되도록 한다. 백색 점토 담배 파이프를 구입하여 산업을 육성하는가 하면, 튀긴 감자를 적당히 소비함으로써 농업을 육성한다. 거기서 남은 5상팀은 또 누군가에게 적선함으로써 예술을 육성한다. 여기서 누군가란, 매일 연습만 하지 칼 한 번 제대로 못 써봐서 검의 날을, 쇠스랑의 손잡이를, 사륜마차의 손잡이를 그냥 집어삼켜 버린 자다.

그러나 그는 진보에 대한 교양 넘치는 사랑으로, 예술이 칼자루나 마차 앞면 장식 정도에서 멈추는 것을 바라지 않는다. (예술에 대한 그의 감정이 얼마나 대단한지 이런 의지가 증명해 주기도 하거니와), 대중의 박수, 군중의 환호, 아니 이른바 곡예사들이 '귀하를 모셔 영광입니다' 하는 치사가, 저 비루한 쇠붙이 동전보다 훨씬 바람직한 자극제라는 진리를 우리 보병, 아니 우리 졸병께서 관통하신 이상, 파리의 중요한 학자들—샹젤리제의 자연학자들—, 또 상처 치료에 좋다는 술 파는 상인들, 관상으로 성격을 알아보는 저 점쟁이들한테까지 일일이 들렀

다 가는 것이다. 티눈, 못, 굳은살, 이빨, 보기 흉하게 튀어나온 것들은 다 뽑아준다며 나름의 의술을 펼치는 개업의들, 세상의 모든 예술과 예술가에게도 왕림한다. 밧줄 타기, 슬리퍼 던지기, 폴리치넬라 인형극과 마법의 등불, 청소하는 원숭이, 똑똑한 당나귀, 요술꾼, 특히 **보베슈**[III]에게 왕림한다. 이 퍼레이드의 왕 위대한 보베슈는 2년 전에 죽었지만, 그 이름은 후대까지 길이길이 빛날 것이다.

보병은 자신의 **왕림**을 통해 바람을 힘껏 불어넣어 불순물을 빼는 양모 정련기의 과학 연구를 응원하는가 하면 독일 성냥 상인들의 화학 연구 또한 독려한다. 그리고 마지막으로 그 재능 때문에 특히나 독려하는 예술가가 있다. 그 유연성과 은혜로움, 온몸의 감각을 흐물흐물하게 만들어놓는 관능적

[III] 별명 보베슈(Bobèche)로 더 유명한 이 인물의 본명은 장 앙투안 안 망델라르(Jean Antoine Anne Mandelard, 1791~1841)이다. 보베슈는 '촛농 받침대'라는 뜻이다. 제정 시절과 왕정 복고 시절 대단한 명성을 얻은 서커스단의 이 어릿광대는 오귀스트 개랭이라는 동료와 함께 주로 활동했다. 키가 크고 몸이 가늘어 공중 곡예에도 능했고 거리를 행진하며 웃음을 불러일으키는 우스꽝스러운 연기를 잘해 당시 인기가 하늘을 찔렀다고 한다.

몸짓의, 그 예술가. 바로… 풍만한 여자이다.

그 누구와도 비교 불가능한, 여성성의 영광 그
자체. 우리 교황께서도 감탄하실 만큼 정말 야릇한
마력을 그녀는 발휘하였다.

제10장

파리의 양아치들

친근하고, 생글거리고, 빈정거리고, 게으르고, 식탐
많고, 고대 로마인처럼 구경거리 좋아하고, 특히나
산책을 좋아하는 오! 사랑 가득한 산책자여! 자, 바
로 이것이 파리 양아치들의 눈에 띄는 특징이다. 우
리가 여기서 주요하게 고찰해 볼 것은, 바로 이런
측면이다.

　다들 알겠지만, 이 파리 양아치들은 무학력이
거나 견습공이다. 옷도 후줄근하고 돈도 없다. 심부
름 나온 걸 까맣게 잊고 거리를 돌아다니거나 가게
진열창 앞을 자꾸 기웃거려 상인들의 이맛살을 찌
푸리게 한다. 지나가는 사람들에게 괜히 장난을 거
는가 하면, 개의 성질까지 돋운다. 마차 후부에 달

린 발판에 앉아 이 수도를 경쾌하게 일주하기도 한다. 자두, 건포도, 시럽, 조청, 포도즙 등 아무튼 과즙이 조금이라도 있는 거면 그냥 못 지나치는데, 인색한 식료품 가게 주인한테는 안 통한다. 계산하기 전에는 절대 손도 못 댄다.

그런데, 앞에서도 말했듯이, 숫자나 돈 쪽은 이 양아치의 최대 약점이다. 고대 아테네에도 이런 소년들이 제법 많았는지, 유명한 고대 철학자가 한 말이라는데, 이 소년에게도 딱 들어맞는 명언이다. 먹는 것을 밝히지만 가난하도다! 이 소년에게는 듣기 괴로운 명언이지만, 다행스럽게도 그에게는 또 다른 성격이 있다. 약점이 있으면 강점도 있는 법이다. 둘을 적절히 배합하면 되는 것이다. 그의 강점인 두뇌와 재치가 그의 약점인 숫자나 돈 쪽을 대체하면 균형이 이루어진다.

이 양아치는 초콜릿, 감초, 잼 같은 것에서 나는 냄새에는 특히나 취약하여 지구상의 무릉도원이라 할 가판대 앞을 그냥 지나치지 못한다.

수많은 생각이 태양 광선처럼 퍼지다가 이윽

고 단 하나의 점으로 수렴된다. 이렇게 차고 넘치게 많은데 조금 슬쩍한들 누가 알겠는가? 그래서 가령, 자기 빵을 구스베리 젤리가 쌓여 있는 곳에 툭 떨어뜨리고는 주인한테 사고가 났다며 자기 빵을 수거할 때 젤리 몇 개를 같이 수거한다. 자두, 무화과, 사탕, 개암 열매 같은 것을 당장이라도 살 것처럼 가격과 맛을 물어보며 조금씩 맛보더니, 그럼 다음에 오겠다고 말하고 가게를 빠져나가는 것이다.

소와 소를 괴롭히는 작은 날벌레처럼 이 식료품 가게 주인과 소년은 공생 관계라고는 해도 식료품 주인은 이 소년에게 공짜로 먹는 시식가 역할을 맡길 생각은 추호도 없다. 그러니 이 소화력 좋은 양아치는 대상을 갈레트[1]로 바꾼다. 왜냐하면 이 양아치는 전혀 배타적인 성격이 아닌 데다, 밀가루의 가치를 절대 모르지 않기 때문이다. 그런

---

[1] 밀가루로 만드는 서양의 거의 모든 요리를 통칭한다. 여기에는 과자, 전병, 케이크 등이 다 해당한다.

데 만일 **플랑**^{II} 같은, 구입하지 않고는 절대 입에도
댈 수 없는 별미에 스멀스멀 욕망이 생긴다면? 그
렇게 나태한 생각을 하다간 철퇴를 맞는다. 수모
를 당하며 쫓겨나는 것이다. 이런 양아치는 막일
꾼이 되기도 한다. 나폴리의 라차로니^{III} 같은, 어쩌
다 일감이 생기는 일용직 노동자가 되는 것이다.

　그것뿐이겠는가. 이 소년은 당신이 말에서 내
리면, 당신을 대신해 말의 고삐를 잡아주는 심부름
을 해주기도 한다. 당신의 마차가 멈춰 서면, 얼른
달려와 흙 묻은 바퀴와 발판 위에 자기 웃옷을 깔고
발판을 잘 내려오게 도와주기도 한다. **그녀**를 위해
방금 산 화분을 그가 들어줄 수도 있고, 우체국, 호
텔, 증권 거래소, 아니면 기타 관공서 건물을 찾는
외국인을 안내해 줄 수도 있다. 천둥 치고 비바람이

II　밀가루 반죽에 계란, 우유, 크림 등을 많이 넣어 촉촉하고 말랑말랑한 상태
　　를 유지하는 별미의 후식이다.

III　예수의 기적 행위 일화에 나오는 '나사로'의 이탈리아어식 발음이다.
　　18~19세기경 나폴리의 최하층 신분을 일컫는다. 부스럼병으로 고통받으
　　며 제대로 치료도 못 받고 죽은 극빈자를 뜻하기도 한다.

불어 현관 대문 밑에 처량하게 들어가 있으면, 비를 맞고서라도 마차 차고로 뛰어 들어가 당신한테 얼른 마차를 대령할 것이다. 그의 행복에 필요한 **50상팀**만, 당신 같은 동향인에게서 얻어낼 수 있다면 그는 뭐든 할 수 있는 사람이다. 이탈리아판 나사로가 되지 않아도, 할 일 없이 빈둥대는 사람이 될 수 있다. 그러나 결국 그는 프랑스판 나사로가 될 것이다. 그러니까 우리가 이 장을 시작하면서 언급한 그런 성격을 가진 자 말이다.

그는 자지 않는다. 항상 산책한다. 담장에 배^{IV}를 그려놓거나, 딱딱이^V를 갖고 놀면서 산책으로 시작한 하루를 산책으로 끝낸다.

저녁이 되면, 그는 마담 사키^{VI}네에 가 있다. 앙비귀, 게테, 시르크-올랭피크^{VII}에 가면 당신은 꼭 이렇게 실없이 웃어대거나 하릴없이 빈정대거나, 아니면 배우들을 호출해 아주 저속한 말을 하거나 고압적인 말을 하는 양아치들을 만날 수 있다. "티티"^{VIII} 하고 이쪽 방 끝에서 저쪽 방 끝에 있는 청년을 불러 갈레트를 빨리 갖다 달라고 소리를 지르고 '짭새'들은 다 나가라며 고함을 지르기도 한다. 방에서 이 짭새들과 같이 논 여자들한테는 난

IV 루이필리프 왕의 캐리커처를 의미한다. 1830년 7월 혁명으로 들어선 7월 왕조의 군주 루이필리프는 얼굴형이 과일 서양배를 닮아 당시 풍자화가들은 그의 얼굴을 배로 많이 그렸다.

V 일종의 캐스터네츠이다.

VI 19세기의 유명한 무희 또는 줄타기 곡예사이다.

VII 파리 몽파르나스에 있었던 극장들의 이름들이다.

VIII 젊은이를 가리키는 비속어, 은어이다.

간에다 훌러덩 벗어놓은 솔을 다 걷으라고 명령하고 남자들한테는 **바닥에 머리를 박으라고** 구령한다. 그야말로 이곳을 쥐락펴락하는 권좌의 군주다. 도로변 극장의 이런 양아치들을 한 번도 본 적 없는 분이라면, 파리의 진짜 양아치들이 무엇인지 잘 모르는 것이다.

사건 사고가 있는 곳이면, 형 집행이 있는 곳이면, 반란과 산책이 있는 곳이면, 지방 축제건 국가 축제건 왕실 축제건 그 어디든 그 무엇이든 다 간다. 축제 깃대에도 올라가고, 나무 위에도 올라가고, 마차 위에도, 가로등 기둥 위에도 올라간다. 어디나 올라가고, 어디나 기어 들어가 모든 걸 다 본다. 말하지 않았나. 그는 어떤 종류든 상관없이 구경거리가 있으면 그냥은 못 지나친다. 보는 것에 탐닉하는 그는 이런 기념비적인 날에는 그 모든 것을 다 잊는다. 그렇게 좋아하는 갈레트도, 포도즙도.

제11장

산책의 작은 행복들

진창길에서의 피난처가 되어준 인도들과 산책자들, 모두에게 은총 가득하시길. 내 금발 청춘 시절의 가장 행복했던 순간은 길 위에서 흘러갔다. 포석, 화강암, 타르, 아스팔트, 그 어떤 포장도로든!

나는 정말 오랫동안 산책했고, 앞으로도 정말 오랫동안 산책하기를 희망한다.

산책만큼은 전문가인 내가 이제부터 이 직업만의 특별한 작은 행복들을 소상히 알려드리겠다.

만고의 법칙. 자정을 넘어서는 절대 산책하지 마시라.

산책을 잘 활용할 줄만 알면, 낮 시간도 충분히 길다. 한 발 한 발 걸을 때마다 산책자의 눈 아래

펼쳐지는 수천 가지 세세한 것을 관찰하려면 태양 빛만 한 게 없다. 너울대는 저녁 가로등 불빛 아래서 보면 더 아름다운 것들도 물론 있다. 파리의 담벽을 태피스트리처럼 장식하는 빨갛고 노랗고 하얗고 파랗고, 또 개양귀비 꽃처럼 진하게 빨갛기도 한 감미로운 광고 벽보! 그러나 문구까지 다 읽을 수 있는 시간은 저녁이 아니다. '**완벽한** 저녁 식사를 25수, 18수, 13수에'라고 젠체하듯 적은 벽보 옆에 '**샤모의 포마드**'라고 쓰인 벽보가 붙어 있다. 이 광고를 만든 사람은 이런 화장품을 사용하는 네발짐승들에게, 이름은 '**샤모**'(낙타) **포마드**'지만 사실은 칠면조 기름으로 만들었다고 정확히 말하고 싶어 하지 않는 게 분명하다. 이 비싼 화장품을 바르면 머리카락이 어마어마하게 자라 신문지 4면을 다 펼쳐놓은 만큼의 길이가 될 수도 있다! 그 아래에는 '의사 샤를 알베르'라는 광고도 보인다. 그리고 그 바로 옆

I 　프랑스어로 '포마드(pommade)'는 머릿기름이고 '샤모(chameaux)'는 낙타라는 뜻이다.

에는 무슨 희한한 조어인지 **'올랑드 장님 부이용'**[11]이
라는 광고도 보이는데, 여기서 부이용은 고깃국이
아니라 **올랑드(네덜란드)인**의 성(姓)인가? 그런데 이 부
이용은 파리에서 만들어진 게 아닌가. 그래서 **장님**
이라는 별명을 붙인 걸까? 자연과학자들이 최고로
확대할 수 있는 광학 현미경을 들이대도 이 고깃국
표면에서 절대 **눈알** 같은 건 찾지 못할 것이다. 아
무튼, 이 올랑드인은 불행히 장님이긴 하지만, 완
전히 머리가 벗겨진 대머리는 아니겠지. 이빨 아픈

---

11   원어는 'le bouillon-aveugle-Hollandais'이다. 해당 광고의 상품을 쉽게
      의역하면, '기름기 없는 맑은 고깃국'이다. 프랑스어 동음이의어 및 비유적
      은어를 가지고 장난스럽게 표현하는 단락이라 우리말로 번역해도 바로 이
      해가 되지 않을 수 있다. 우선, 'bouillon'은 끓는 액체의 거품을 뜻한다. 그
      래서 고기, 채소 등을 넣고 부글부글 끓여 내는 고깃국 또는 곰탕을 가리킨
      다. 그런데 '부이용'은 지역명이기도 하다. 프랑스에 있는 지역명이기도 하
      고, 옛날에는 '올랑드(지금의 네덜란드)'에 속했지만, 현재는 벨기에에 속하는
      지역명이기도 하다. 이런 온갖 다양한 중첩적 의미가 들어 있는 '부이용'을
      떠올리며 저자가 마치 '아재 개그'를 하듯 이 광고 문구를 가지고 재밌게 말
      하고 있는 것이다. 그런데 왜 장님일까. 부이용, 즉 고깃국은 보통 '눈알' 같
      은 기름이 둥둥 떠서 다니는데, 이 기름기를 제거해 맑게 끓인 고깃국을 가
      리켜 '눈알'이 없는 고깃국, 즉 '(눈먼) 장님 고깃국(bouillon aveugle)'으로 표현
      한 것 같다.

사람에게 좋다는 '아랍의 라카우^{III}' 광고도 보인다. 조
금 더 가면 동방의 술탄이 평소 먹는 음식인 '파라그
웨이-루' 광고도 있다. 산책자는 광고판으로 뒤덮인
담장 앞에서 두 시간은 족히 즐겼으니, 오락이라고
해봤자 어항 속에서 노는 작은 빨간 물고기를 세 시
간 동안 바라보는 것이 전부인 **샤하바함** 술탄의 질
투를 사고도 남을 일이다.

물론 파리의 광고판을 보는 이런 소소한 즐거
움을 비웃는 자들도 있다. 이들은 차라리 백화점의
속옷과 명품 패션이 전시된 매장 쪽으로 발길을 돌
린다. 다들 각자 취향이 있으니 백화점 상품을 애호
하는 자들의 취향 또한 존중하기로 한다. 이런 애
호를 광신이라고 몰아붙여서도 안 된다. 그저 우리
사회가 요즘 이런 여성용 모자에 대해 보이는 과도
한 열풍을 조금은 경계하자는 말이다. 그렇다고 저
런 모자를 쓰는 여자는 애인이 여덟 내지 열 명이나
될 거라는 식으로 너무 험담하지는 말자. 사람들이

III 밀가루, 전분 따위로 만드는 터키 및 아랍의 분식이다.

하는 말은 절반만 믿고 절반은 믿지 말아야 하는 법이다.

따라서 산책자는 모자 가게 아가씨에게 눈길을 줄 권리가 있다. '트로탱^{IV}'이라고도 불리는 이 아가씨는 정말 작고 어여쁜 모자를 어느 집에까지 가지고 갈 것이다. 두건 달린 작은 외투와 함께. 하지만 그녀를 대할 때는 항상 신중해야 한다.

대담하고 뻔뻔하게 여자들을 무작정 쫓아다니는 흉한 인간들을 따라 해서는 안 된다. 이런 행동은 불미스럽게도 진짜 **프랑스제** 장화를 신은 군인들에게나 정당화할 수 있는 행위가 된다. 도덕을 가장한 위력을 뒤축 삼아 걷는 대신, 불쌍한 비둘기처럼 덜덜 떠는 여자들이 당신 옆에 와서 숨고 싶게 만들어라. 여차하면 뭇 여자들을 모욕하는 무식한 남자들의 추격을 피해 그녀가 당신 곁에 와서 숨고 싶도록 그들의 진정한 보호자가, 아니 변호자가 되어라.

IV   '종종걸음으로 걷다'라는 뜻의 동사 '트로티네(trottiner)'에서 파생한 말로, 의상점이나 모자 가게의 심부름을 다니는 여자아이를 가리킨다.

특히 얼마 전부터, 자기들의 의도와 아나크레온ᵛ 풍의 시를 혼동하는 노인들이 상당수 생겼다. 한마디로 젊어 보이고 싶어서 추태를 부리는 노인들이다. 기병을 대동하지 않고 파리 거리를 활보하는 젊은 여성이 많아진 탓도 있다. 노년은 공경받아야 한다. 물론, 모든 미덕의 예를 선보일 때만 그렇다. 금발로 된 가발 밑에 숨어 있는 하얀 머리는 감춰지지 않는다. 그 밑에 엉큼한 다갈색 머리를 하고 있으면 안 된다.

노인은 산책하면서 헌책방 상인들의 가판대를 이리저리 휘저어 놓기 위해서라도 우선 강변은 조용히 일주해야 한다.

산책자의 큰 즐거움 가운데 하나는 황당무계한 사건들을 공짜로 알게 된다는 것이다. 『카나르』 같은 진짜 유명한 풍자지도 안 알려주는 소식을 말이다.

ᵛ 그리스 시인 아나크레온의 시풍. 아나크레온은 에로틱하고 관능적인 시를 주로 썼다.

이런 종류의 소식은 큰 소리로 고함을 치며 알려주는 가두 신문팔이들의 몫이다. 기자들도 이 자들한테는 못 당한다.

그게 사실이 아니라는 것은 알지만, 들어보면 항상 재밌다. 신문 읽을 때만큼 재밌다.

그런데 산책을 해도 **슬픈 재판소**까지 가는 일은 없어야 한다. 최소한의 소송도 안 겪어본 사람한테는 별로 달갑지 않은 경험이다.

그래도 재판소에 가면 즐거운 게 있다. 우선 변호사들의 괴상야릇한 두상을 볼 수 있다. 이어 이런 법조인을 만날 일이 전혀 없는 자신이 얼마나 축복받았는지 알게 될 것이다. 그러니 한 번에 두 가지 즐거움이 생긴 셈이다.

파리 산책자들의 모든 작은 행복을 여기서 다 열거하다가는 이 장을 영영 못 끝낼 수도 있겠다. 산책자는 지구상에 존재하는 정말 행복한 사람이 맞다. 그러나 아직, 그러다 자살할 수도 있는 산책자의 예는 언급하지 않았다. 만일 어떤 우물 옆을 지나다가 순간, 약간 슬픈 생각을 할 수도 있다. 이

벌어진, 습한 구덩이 속에 머리를 처박는 생각을 하는 대신, 제발, 그냥 이 우물 속에 침을 뱉자. 그리고 자신을 다독이자. 그리고 한 시간이든, 한 시간하고도 15분이든 계속해서 원을 그리며 그 주변을 돌자.

오 산책, 산책, 그러니 산책자인 당신을 제대로 노래해 주는 시인이 있기나 하겠습니까!

제12장

산책의 작은 불행들

그 유명한 빌보케¹ 놀이를 하다 보면 인생이 항상 장밋빛인 것은 아니며 존재하는 모든 것이 다 재스민꽃이 아니라는 것을 깨닫게 된다. 굳이 열병, 류머티즘 같은 걸 언급하지 않아도, 겨우 티켓을 얻어 연주회에 갔는데 설사가 나 아무것도 못 보고 나오게 되는 일이 생기기 때문이다. 이처럼 인간은 작지만 괴로운 많은 불행 속에 살고 있다. 사실 이런 건 장식 핀에 살짝 찔린 것에 불과할 수 있지만, 매일같이 이런 일이 발생하다 보면 차라리 단검을 한 대

I   빌보케 놀이는 보통 나무로 만든 긴 통이 있고 구멍이 뚫린 상아 공이나 유리 공에 끈을 매달아 이 끈을 조정하며 통 아래에 달려 있는 공받이 컵에 공을 떨어뜨리며 노는 놀이다.

제대로 맞고 말지 하는 기분이 들 수 있다(단검에 제
대로 맞는 일이 있기는 하다).

특히나 파리지앵들이 이런 어마어마하게 많은
작은 불행에 노출되어 있다. 지방에서는 그런 불행
이 실제로 있기나 한 건지 의심이 들 정도다. 지방
을 사랑하고 파리를 싫어하는 이상, 지방에 거주하
는 인간이 파리에 거주하는 인간보다 훨씬 많이 행
복하다고 소리 높여 외치는 것을 주저할 이유가 전
혀 없다.

파리 생활에서 겪는 소소한 사건들로 책 한 권
은 족히 쓸 수 있을 것이다. 하지만 안심하시라. 그
건 여기서 우리가 하지 않을 것이고, 다만 파리라는
도시에서 산책자가 실존하는 방식을 생생하게 보
여줄 수 있는 몇몇 주요 재앙만 제시할 것이다.

통속적이지만, 결코 쓰라리다 하지 않을 수 없
는 감정은 바로 이런 자가 느끼게 된다. 시내에서
저녁 식사를 하기 위해 비단결처럼 부드러운 엘뵈
프 모피 외투를 입고, 눈이 부시게 반들거리는 모자
를 쓰고, 윤기가 자르르한 구두를 신고 거리를 나선

다. 미녀들이 서 있는 창가 아래를 지날 때마다 한숨을 쉬는데, 검은 눈의 미녀냐 파란 눈의 미녀냐에 따라 이 자의 한숨에는 미묘한 차이가 있다.

집에서 두 발짝만 나가면 바로 포타주 수프[II]가 기다리고 있거나 미녀가 기다리고 있다. 넓은 포석이 깔린 길을 참새처럼 깡충깡충 걸어야 바지에 흙탕물을 하나도 안 튀긴다. 일부러 불편한 자세를 취하지 않아도 구두에 거울처럼 반사되니 당신의 턱이나 멋진 수염을 살짝살짝 비쳐 볼 수 있다. 제피로스[III]도 양심은 있어 당신의 곱슬머리 한 가닥도, 이마 위의 머리카락 한 올도 헝클어뜨리지 않는다. 머리부터 발끝까지 다 보이는 베네치아식 대형 거울이 없어도 당신은 당신의 자태에 기꺼이 도취될 수 있다. 그런데 일명 파리의 사자라는, 카브리올레 마차 바퀴가 보일라치면 얼른 벵갈의 호랑이가 되어야 한다.

II   고기와 야채를 넣고 진하게 끓인 수프.

III   그리스 신화에 나오는 부드러운 서풍의 신이다.

당신은 신과 하늘을 저주하며 그놈의 카브리올레 바퀴에 저주를 퍼붓는다.

당신은 복수의 화신이 된다. 피를, 더 많은 피를 마시고 싶어 한다. 로베스피에르[IV]나 네로[V]도 당신 앞에서는 주눅이 들 것이다. 파리에 있는 모든 카브리올레 마부들의 머리를 단칼에 베어버릴 지경이다. 그러다 조금 진정이 되면, 이제 훨씬 인간적인 마음으로 돌아온다. 길을 가다 처음 만난 카브리올레 마부에게 30수를 주고 당신 집까지 무사히

IV   로베스피에르(Maximilien de Robespierre, 1758~1794)는 단두대로 표상되는 공포정치의 대명사로 악명이 높았고, 혁명재판소를 통한 적폐 청산에 매진하며 자비보다는 처벌에 철저했다. 좌파 사이에서도 이런 혁명적 공포정치의 유산을 부끄럽게 여기는 평가도 분명 있었으나, 다른 혁명 지도자들과 달리 어떤 돈에도 매수되지 않은 도덕적 완전무결함으로 순수 혁명에의 의지를 완결한 인물로 재평가되고 있다.

V   네로(Nero Claudius Caesar Augustus Germanicus, 37~68)는 로마 제5대 황제로 폭군의 대명사다. 어머니 아그리피나의 집념으로 어렵사리 황제가 되었으나, 결국 어머니까지 살해한 반인륜적인 최악의 황제로 오명이 높다. 64년 로마 대화재를 진압하고 도시를 부흥시키려 애를 썼는데, 그가 방화를 명령했다는 소문이 나자 그 소문을 무마시키기 위해 로마에 있던 그리스도 신자를 체포해 처형했다. 기독교 박해로 인해 역사적 윤색이 되어 네로에게 과도한 오명이 씌워졌다는 시각도 있다.

데려다 달라고 부탁한다. 무소불위의 성난 호랑이로 변한 당신을 치안 경찰이 잡아다가 자르댕데플랑트로 끌고 가기 전에 차라리 빨리 귀가하는 편이 나을 수 있다.

한탄스럽고 축축하기까지 한 또 다른 불행은 우기 때 합승마차밖에 탈 수 없는 약점을 가진 산책자에게 일어난다. 갑자기 내린 소나기에 놀라 6수를 주고 이 노아의 방주 같은 마차에 몸을 의탁하기 위해 죽어라 뛰어야 한다.

근시여서 멀리 있는 마차를 못 보거나, 마부의 주의가 산만하면 자기를 못 볼 수도 있으니 마부를 향해 냅다 달려들어야 한다. 아니면, 합승마차를 잡기 위해 역으로 뛰어야 한다. 그렇게 겨우 합승마차를 잡아도 앉을 좌석은 없다.

최선은, 삯마차를 타는 것이다. 이게 더 경제적이다. 왜냐하면 이걸 못 타면 다음 날, 아니 그다음 날도 돈을 써야 하기 때문이다. 비를 맞아 몸살이라도 나면 감초 값으로 6프랑이나 써야 하니 말이다.

구경하기 좋아하는 파리지앵들에게 근육질의 힘센 인부들은 한숨을 자아내거나 빗자루로 털어 내고 싶은 대상이다. 정치 건달 얘기를 하려는 건 아니다. 파리 중앙 시장이나 땔감 시장의 건달들, 아니 인부들에 대해서만 얘기할 것이다.

자연이 주신 이점에 자부심을 느끼는 이 건장한 사내들은 항상 자유롭고 힘차게 걷는다. 모든 인도를 차지할 자유가 마치 그들에게 다 주어진 것처럼. 산책자들은 밀가루 포대와 석탄 포대를 들고 가는 이들 사이에 살짝 끼어들고 싶은 마음이 굴뚝 같지만, 그랬다가는 석쇠 위의 가자미처럼 납작해질 것이다. 아니면 그것도 모자라 납작해진 살 위에 밀가루가 하얗게 뿌려질 것이다.

기분 나빠도, 일부러 약간은 들리게 궁시렁대느니 입을 딱 다물고 있는 편이 낫다. 왜냐하면 하얀 밀가루를 덮어쓴 다음, 잘못하면 검은 석탄가루까지 온몸에 덮어쓸 수 있기 때문이다.

모든 산책자에게 닥칠 또 하나의 작은 불행은,

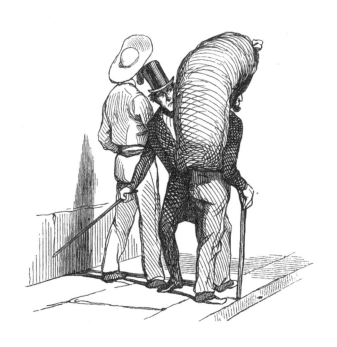

저녁 10시 무렵, 생드니가^{ⅤⅠ}나 생마르탱가^{ⅤⅠⅠ} 같은, 상점들이 즐비한 보도를 걸을 때 생긴다. 등, 코, 아니면 몸의 다른 어디에라도 갑자기 가게 문이 달려들어 붙을 수 있기 때문이다. 젊은 상점 점원이나 상점 문 닫는 것을 전담하는 상가 직원들이 얼른 퇴근하여 들어가 자고 싶어 서둘러 가게 문을 닫다가 그만 가게 앞을 지나가는 사람들을 가게 문으로 밀칠 수 있는 것이다. 그러다 이 자들을 영영 거리에서 재울 수도 있다. 어찌 보면 사랑스럽기까지 한 이 부주의와 경솔은 프랑스인의 전유물이기도 하다.

약제사한테 들러 멜리사^{ⅤⅠⅠⅠ} 수(水) 몇 잔을 들이켠 다음, 타박상을 입은 팔다리를 여기저기 문지르느라 시간을 축내다 보면 벌써 자정이다. 상식을

ⅤⅠ   현재 파리 센강 우안에 있는 2구, 3구, 10구 일대로 파리 성문 중 북문에 해당하는 생드니 문이 있다. 파리에서 가장 오래된 옛길 중 하나로, 중세 때부터 발달한 도심이라 지금은 구시가지 느낌이 있다.

ⅤⅠⅠ   현재 파리 센강 우안에 있는 3구, 4구 일대로 상가가 발달한 파리의 주요 도심이다. 북쪽으로는 생드니가까지 연결된다.

ⅤⅠⅠⅠ 박하의 일종으로 원산지는 지중해 동부 쪽인데, 고대 로마인들이 영국에 이식해 유럽 전역에 퍼져 있다.

벗어난 이런 시각에 귀가하다 보면, 우리의 아름다
운 수도의 모든 거리를 장식하고 있는 **파리의 명물**
가운데 하나와 부딪혀 비틀거릴 수 있다.

잘 알겠지만, 파리의 장식물은 대개 구멍, 돌
더미, 초롱불, 길을 가로질러 누워 있는 부상병 등
으로 구성되어 있다.

부상병이 예의가 있는 사람이라면, 설마 욕까
지는 하지 않겠지만, 그래도 당신을 조용히 나자빠

지게 할 수는 있다.

　마침내, 새벽 1시경, 당신은 겨우 귀가하나, **자정이 지난 시각**이니 건물 현관문을 지키는 여자는 선서 헌장에 따라, 절대 문을 열어주지 않을 것이다.

　하지만 당신이 법석을 떨면 순찰대가 올 것이고, 그 덕분에 잠은 잘 수 있을 것이다. 다름 아닌 생마르탱[IX] 홀에서.

　게다가, 이렇게 즐길 수 있는 산책이라는 상황이 모든 사람에게 주어지는 것은 아니다. 바닥이 깔

IX　많은 사람을 수용할 수 있는 공공건물의 넓은 홀을 비유적으로 표현한 것이다.

끔하고, 사위가 완벽하게 밀폐 혹은 엄호된 일종의 공공건물 홀을 거닐다 보면, 다양한 산책 동료들을 만나게 된다. 어음 인수업자, 소매치기, 허풍쟁이, 미국인, 기타 등등. 한마디로 쉽게 돈 버는 자들이다. 거만 떨지는 않지만, 너무 빨리 친한 척을 하거나 덮어놓고 자기 생각을 말하는가 하면, 당신의 호주머니에 언제 손을 집어넣을지 모른다. 거리낌 없고, 가식이나 꾸밈이 없고, 신체적으로나 정신적으로나 완전히 무장해제된 이 기가 막힌 자들을 당신은 여기서 한 번에 다 만나게 되는 것이다. 뭐랄까, 예쁜데 잘난 척하는 아가씨처럼 공손하지는 않은데, 왠지 배울 게 전혀 없다고는 할 수 없는 자들이라고나 할까.

제13장

파리의 파사주[1]

산책자는 모든 장소가 그 장소만의 장점이 있다고 생각한다. 그렇다고 우연히 가거나 선택하지 않고 가거나 선호하는 취향 없이 간다고 생각하면 안 된

---

[1] 원서의 장 제목에는 'quai'와 'passage', 두 가지가 제시되어 있다. 'quai'는 '강변, 강둑, 둑길'을 뜻하는데 지금도 볼 수 있는 파리 센강의 특수한 정경을 떠올리게 한다. 그런데 이 장에서는 특별히 이 강변 산책을 다루지 않고 다음 장에서 주로 언급된다. 하여, 여기서는 생략했다. '파사주(passage)'는 보통 '통행, 통행로, 샛길, 소로'를 뜻하지만, 여기서는 파리 특유의 '파사주' 풍경을 살리고자 원어 그대로 옮겼다. 파사주는 위에 아케이드 모양의 유리 천장을 달아 건물과 건물 사이 소로를 이용하여 비가 내려도 걸을 수 있게 했다. '파사주'는 발터 벤야민의 '파사주 프로젝트'에도 영감을 준 파리 도시 특유의 길거리 모습으로, 이 새로운 시대에 거리를 산책하는 자의 눈에는 다양한 가게의 간판과 광고판, 진열창 등이 단순한 사물이 아니라 환상적인 이미지로 펼쳐지며 사유를 불러일으키는 이미지로까지 확대될 수 있었다.

다. 취향도 너무 많고 생각도 너무 많은 산책자가 있다는 것은 사실이다.

이런 산책자는 마레가의 황량한 거리나 라틴계 나라에서 볼 수 있는 좀 비위생적인 동네를 거닐며 괜히 시간 낭비를 하지 않는다. 그는 특히 '파사주'를 쟁취한다. 팔레 루아얄을 통치한다. 대로"에 이 위인이 나타나면 다들 그를 존중하며 길을 비켜준다. 그가 절대 주의가 산만해지는 법 없이 정교한 생각을 얼마나 골똘히 하며 걷는지 너무나 잘 알기 때문이다. 그는 입에 담배를 물고 그랑주바틀리에르가"'와 쇼세당탱가IV 사이 대로를 천천히 지나간다. 일이 바빠 큰 걸음

II　원어는 'Boulevard'이다. 중세 때 이 단어는 그저 요새나 성을 보호하기 위해 만든 어떤 구축물 정도를 의미했다. 그러다 서서히 도시 확장 사업을 펼치면서 성벽이 있던 자리까지 도시 영역으로 확대하느라 큰길을 닦았다. 이어 많은 가로수를 심어 산책로로 삼기도 했다.

III　파리 9구에 있으며, 파사주가 늘어선 조프루아와 베르도 파사주가 유명하다. 루이 아라공이나 발터 벤야민에 의해 유명해진 길이기도 하다.

IV　파리 9구에 있으며, 생트트리니테 성당이 있어 성당 첨탑이 이 구역 어디서나 보인다. 19세기 말, 20세기 초 라파예트 백화점 같은 대형 상점이 많이 들어섰다.

으로 빨리 걷던 사업가가 이 자를 보면 동정과 연민의 시선을 보내며 속으로 이렇게 말한다. 담배 피우며 시간 버리고 있군. 그런데 둘 다 오해이다. 그는 담배를 피우거나 시간을 버리는 게 아니라 산책을 하는 것이다. 대로를 건너는 것이 일종의 **장애물 경주**라는 듯 아스팔트 길을 성큼성큼 내딛기 바쁜 소인은 절대 알 수 없는, 그야말로 놀라운 집중과 전념인 것이다. 왜냐하면 19세기에도 계몽주의 시절의 잔재가 있어, 여전히 가스등과 카르셀등ᵛ을 쓰고 있다. 사람도 마찬가지여서 아직도 18세기에 머물러 있는 자가 많다. 이런 자들은 대로를 마들렌가에서 지금은 사라진 바스티유가를 이어주는 큰길 정도로밖에 생각하지 않는다. 길을 단축시키는 지름길에 불과하거나 많은 마차를 피해 팔레 루아얄 쪽으로 가는 길쯤으로 생각한다. 그런 사람들은 참 애석하다. 아니 참으로 한심하다. 아마 산책자라면 내 견해에 공감할 것이다.

ᵛ   카르셀은 19세기에 사용된 조명 도구로, 프랑스의 시계공인 베르나르 기욤 카르셀에 의해 고안되어 이런 이름이 붙었다.

파리의 온갖 구석을 윙윙거리며 다니는 파리 떼처럼 웅성거리며 지나가는 사람이 우리 같은 정직한 시민들에게는 골칫거리인 게 사실이다. 그러나 정작 산책자들은 이들을 신경도 안 쓴다. 차라리 부질없이 구경하기 좋아하는 사람들이 더 신경 쓰인다. 무례하게도 사람들이 자신과 이들을 혼동하기 때문이다.

이 둘을 파사주에서 보면 엄연한 차이가 있어 구분할 수 있다. 부질없이 구경하기 좋아하는 사람은 어리석게도 진열창에 있는 것을 다 쳐다본다. 선택해서 보는 게 아니다. 일단 눈앞에 있는 석고상 덩어리부터 보는데, 이 소형 입상에는 그 이름과 가격이 적힌 장식판이 붙어 있다. 은행권 지폐든 동전 더미든 언제라도 집어삼킬 작정으로 그렇게 대놓고 붙어 있는데, 이런 뻔뻔함은 산책자의 너그러운 영혼에 어울리지 않는다. 그러니 이런 자와 진정한 산책자는 얼마나 큰 차이가 있는가! 산책자는 쉬스[VI]

VI　창업자인 니콜라와 빅토르 쉬스 형제의 이름을 따서 쉬스라는 이름이 붙었다. 파리 2구에 있던 파노라마 파사주에서 처음 문을 열었다. 처음에는 주로 조각품 및 청동 조각상을 거래하다가 이후 회화, 판화 등 모든 예술품으

상점을 둘러보다 대번에 아주 우아한 바르 조각상이나 아주 매력적이고 영적인 분위기가 나는 당탕[VII]의 작품 앞에 멈춰 선다. 그리고 남은 시간을 아코디언 연주곡이나 들으며 낭비하지 않는다. 〈나의 노르망디를 다시 보러 갈래요〉[VIII], 아니면 〈미친 여자〉 아니면 같은 장르의 또 다른 신곡을 연주할 게 뻔하기 때문이다. 그러는 대신 도미에[IX]의 최신 풍자화나 가

로 거래 분야를 넓혀갔다. 오늘날도 건재하는 유명 예술문화재단으로, 부알로, 보테로, 에른스트, 자코메티, 미로 등 이들이 후원하고 거래한 유명 예술가들의 목록은 셀 수 없이 많다.

VII   장 피에르 당탕(Jean-Pierre Dantan, 1800~1869): 프랑스의 조각가이자 풍자화가. 주로 60센티미터 이하의 소형 조각상을 만들었고 당대 유명 인사들을 희화화한 초상화 연작으로 유명하다. 그중에서도 탈레랑, 베토벤, 파가니니, 베르디, 발자크의 초상화가 특히 유명하다. 그의 대부분의 작품은 현재 파리에 있는 카르나발레 박물관에 소장되어 있다. 동시대 작가였던 오노레 도미에로부터 많은 영감을 받았다.

VIII   프레데릭 베라(Frédéric Bérat)가 1836년에 작곡한 전통 목가풍의 샹송이다.

IX   오노레 빅토랭 도미에(Honoré Victorin Daumier, 1808~1879)는 19세기 프랑스 화가 중 가장 위대한 작가로까지 평가되는데, 그의 작품을 보는 것만으로도 프랑스 19세기의 정치와 사회 등 모든 것을 대부분 짐작할 수 있기 때문이다. 주로 정치인을 많이 그렸지만, 촌철살인의 해학과 풍자로 가득한 그의 작품은 비판력 왕성한 프랑스인 특유의 정신세계를 엿보게 한다. 4천점 이상을 남긴 다작의 작가이기도 하다.

바르니˚의 사육제 시리즈 중 새 인물 의상화를 보러 갈 것이다.

이것도 말해야 한다. 그가 입헌군주가 아닐지라도 그의 권위는 이론의 여지 없이 존중받아 마땅한 것이다. 그가 멈추거나, 또는 우리가 그의 옆에서 멈춘다. 그가 웃는다. 그러면 우리도 웃는다. 그가 긍정하면, 우리도 긍정한다. 그의 자존심을 굳이 건드릴 이유가 없다. 파사주는 산책자가 선호하는 체류지이다. 팔꿈치를 난간에 기대고 담배 한 대 피우며 감미로운 실존을 느낄 수 있기 때문이다. 그 어떤 다른 곳보다 최신 유행 상품을 파는 상점을 거니는 일이, 미덕을 발휘함에 있어 감미로운 사랑만큼은 효과가 나지 않을 수 있지만, 그래도 씨앗을 뿌리는 행위와 같으니 머지않아 미덕의 꽃이 피어날 것이다. 간혹, 이런 것도 고백해야 한다. 방금 말

˚ 폴 가바르니(Paul Gavarni, 1804~1866)는 프랑스의 화가로, 주로 데생이나, 수채화, 석판화를 많이 남겼다. 특히 사육제 시리즈가 유명한데, 각기 다른 의상을 입고 있는 인물들을 풍자적으로 그려 한 시대의 풍조나 분위기를 묘사했다.

한 미덕은 솔직함과 너그러움을 갖춰 훨씬 강력한 건데, 그가 두 개의 모자 사이에서 왔다 갔다 하면, 이 미덕은 그에게 코웃음을 친다. 그닥 섬세하지 않은 이런 행위는 아주 조악한 영혼을 가진 자나 한다면서. 그는 복수할 수도 있다. 고민을 하느라 아직도 물건을 고르지 못한 키 큰 갈색머리에게 다가가 키 작은 금발이 아침에 하나, 점심에 하나 사 갔다고 눈치를 줄 수 있다. 그가 하는 행위를 경멸하는 것이다. 키만 훤칠해가지고는.

정리해 보자. 파사주가 없으면 산책자는 불행할 것이다. 그러나 산책자가 없으면 파사주는 존재하지 못한다. 방돔가로 가보자. 탕플 대로까지 연결되는 아주 큰 복도 같은 게 있다. 산책자가 만일 그 복도의 존재와 도움을 거부한다면, 그는 어둠과 고독 속에서 한참을 있어야 한다. 파노라마 파사주, 오페라 파사주. 이것이 정말 공상의 공간이 아니라 실재하는 곳이라는 것을 안다면, 건물 정면의 삼각형 아치 장식판에서 이런 문장을 읽게 될 것이다. 산책자들이여, 이곳을 알아보는 자들이여!

라일락이 피어나고, 꽃잎이 벌어지면, 산책자는 봄의 향기를 맡고 싶어 한다. 자연이 펼치는 이 광경을 영혼 깊이 들이마시고 싶어한다. 그러면 당장 대로로 향한다. 거기서 10월까지 자신만의 정치적, 사회적 거주지를 만든다. 그러나 아뿔싸. 매해 그에게 찾아오던 너무나 소중한 기쁨들 가운데 하나를 잃었다. 게테가에서 바스티유가까지 펼쳐지곤 했던 퍼레이드 공연이 사라진 것이다. 이거야말로 진정한 무료 공연이었는데 말이다(아니, 거의 심각하게 우울해지는 나날들이다. 불행한 산책자들은 이 무료라는 단어에 그나마 웃음을 찾았는데). 이 무료 공연 덕분에 그는 우울과 때때로 그를 좇아 다니는 어두운 근심을 덜어냈다. 그는 이렇게 말하곤 했다. 나는 약간 우수가 생기면, 크림가로 가서 곡예사들의 공연을 봐. 그는 그렇게 나았다. 이어, 도시 정비를 구실로, 숱한 혁명 때도 살아남았던 나무들까지 다 쓰러뜨리고, 그 자리에 일종의 조종간(操縱杆) 같은 것을 세운 다음 초록색 가건물로 덮어놓았다. 이 가건물은 현대 예술이나 동사무소의 관점에서는 널리 유행하는 것이다. 그리고 이제 마지막으로 작은 테라스들을 다 엎어놨다. 매일 저녁, 생드니가의 상인들과 은퇴한 도매상들은 국민방위대 같은 위엄 있는 모습으로, 아니면 그와 유사하면서도 전혀 다른 행세로 아내와 그들의 젊은 자제들과 맥주를 마시며 순회 연주단의 매력에 빠져들곤 했다. 객관적이고 고매한 관찰자의 정신을 잠시 내려놓고 공연을 보며 근심을 달래기도 했다.

그렇다면 이번에는 도시 미화를 구실로 산책자에게 무엇을 남겨놨을까? 담배 가게, 표 판매소, 석간 신문 가판대다. 이런 시각에 이런 것들이라니. 한꺼번에 세 가지 기분 전환을 할 수 있는 것이다. 담배를 사서 피우고, 제일 좋은 좌석표를 좋은 값에 흥정하고, 『파리지앵 신보』 신문을 사고. 마음은 평화롭고 영혼은 만족스럽다. 이제 잠들기 위해 집에 들어가면서 속으로 이렇게 말한다. "정말 보람찬 하루였어."

제14장

센 강변, 튈르리 공원, 샹젤리제

만일 센 강변을 따라 베르시부터 앵발리드[I]까지 죽 걸어오다 보면 아주 나이 든 산책자들을 심심찮게 보게 된다. 이들은 인생의 강을 따라 내려오듯 센강을 따라 내려오면서 저 태고 시절부터 센강의 모든 흉벽을 지켜온 오래된 책들[II]을 흥정한다.

    만일 추운 날씨에 강변을 산책하다 지친 사람

I   베르시는 파리 도심에서 약간 떨어진 남동쪽 12구에 위치해 있고, 앵발리드는 비교적 파리 도심 한가운데인 7구에 위치해 있는데, 대략 5킬로미터 정도 떨어져 있다. 걸어서는 1시간 13분 정도 걸린다.

II   강둑의 흉벽에 기대어 늘어선 저 오래된 책들의 정경을 마치 세월을 지켜온 사람처럼 의인화한 표현이다. 실제로 파리 센 강변 서적상으로 등록되어 운영 중인 서점들만 230여 개로, 센 강변 서점은 1991년 유네스코 문화유산에 등재되었다.

이라면, 시계탑 강변길ᴵᴵᴵ은 나이를 막론하고 모든 산책자의 산책 목표지가 된다. 슈발리에 기사(技師)ᴵⱽ의 온도계를 보고 현재 기온이 얼마나 되는지 알고 싶기도 하기 때문이다.

그런데 슈발리에 기사의 온도계나 세상의 다른 온도계나 같은 온도를 가리킬 거 아니냐고 반문할 수도 있다. 슈발리에 기사가 이 전문 분야의 유일한 발명가는 아니니까. 물론 그렇다. 그렇다고 산

ᴵᴵᴵ   실제 거리명으로 프랑스어로는 '케 드를로르주(quai de l'Horloge)'라고 발음한다. '오를로주(Horloge)'는 '시계'라는 뜻으로, 14세기 팔레 드 시테 건물에 처음 이 시계 장식물이 달렸다가, 여러 시대에 걸쳐 보완 및 보수됐다. 이 팔레 드 시테 건물이 현재는 파리 법원(팔레 드 쥐스티스) 건물에 통합되어 있는데, 시계 장식물은 건물 외벽에 있어 센 강변을 산책하면서도 충분히 볼 수 있다.

ᴵⱽ   앵제니외르 슈발리에(Ingénieur Chevallier): 광학 기술자의 별명이자 그가 운영하는 상점 이름이다. 여기서 기사는 말 타는 기사(騎射)가 아니라 '기술자'라는 뜻의 기사(技師)여서 한자를 병기했다. 이 광학자의 본명은 샤를 루이 슈발리에(Charles Louis Chevalier, 1804~1859)로 성(姓)은 말 타는 기사라는 뜻의 'Chevalier'와 동일한 철자이다. 그런데 이상한 것은, 성의 철자에는 L이 하나인데, 상점명에는 L이 둘이다. 그는 아버지 뱅상 슈발리에와 함께 이 시계탑 강변 근처에서 온갖 과학 기기를 파는 가게를 열었다. 온도계, 기압계, 천문학 도구 및 여러 광석, 화학품 일체를 취급했다. 지금 이 상점은 피라미드가 17번지에 소재해 있다.

책자들이 굳이 지인에게 이렇게 말하지는 않을 것이다. "오늘 영하 11도야, 정오에 말야. 내가 분명 슈발리에 기사의 온도계로 봤어."

이제 그럼 튈르리와 샹젤리제에 대해 말해보자. 이곳이야말로 정말 산책할 만한 곳이다. 적어도 산책자들이 매력을 느낄 만한 것은 다 있다. 여자들, 나무들, 사람들, 폴리치넬라 인형까지!

방돔 광장을 거쳐 푀이양의 테라스로 가보자. 라페가[v]의 널찍한 인도와 카스티글리온가[vi]의 파사주를 따라가 보자. 호화 백화점을 그닥 사랑하는 사람이 아니어도, 이 길은 아주 기분 좋은 산책길이다. 오른쪽을 봐도 왼쪽을 봐도 상점 안의 거울, 대리석, 청동 같은 명품들이 눈부시게 빛나는 것을 볼

---

v   뤼 드 라 페(rue de la Paix). '페(Paix)'는 '평화'라는 뜻이다. 주변에 광장과 가르니에 오페라 극장이 있다. 올랭피아 극장이 자리 잡은 카퓌신 대로와 연결되는 파리의 유명 거리이다.

vi 뤼 카스티글리온(rue Castiglione). 방돔 광장에서 튈르리 공원 쪽으로 이어지는 길이다. '카스티글리온(Castigline, 이탈리아 발음으로 카스틸리오네)'은 이탈리아 지명으로 나폴레옹이 이곳에서 오스트리아군과 맞서 싸워 승리한 것을 기념하여 붙인 거리 이름이다.

수 있다. 이 명품들은 옛날에 다 왕궁에서 쓰던 것이다. 지금은 상점을 장식하며 상점을 왕궁처럼 꾸며놓는 것이다. 이어 리볼리가[VII]를 가로지르자. 다만 파리 외곽으로 향하는 수도 없이 많은 마차들에 깔리지 않으려면 전방을 주시하며 조심해서 건너야 한다. 위험한 것은 마차만이 아니다. 마차를 피하면 생명은 구하지만, 구해야 할 것이 또 있다. 바로 지갑이다. 인도가 미어터질 정도로 온갖 종류의 사업가들이 나와 있다. 이쯤 되면 지갑을 지키는 건 어려운 과업에 해당한다. 트론 성문에서 아르크드 레투알 성문까지 상인들에 대한 규제가 다 풀린 것마냥 진짜 스페인산 담배를 파는 상인들부터 1수에 6매를 외치며 편지지 묶음을 파는 상인들까지 다 나와 있다.

우리는 드디어 튈르리 철책 문 앞에 도착한다. 앞에 보초병 두 명이 서 있는데, 이들의 지시는 엄

VII 나폴레옹이 승리한 리볼리(이탈리아의 북부 지역) 전투를 기념하여 지은 거리 이름이다. 파리 도심의 동서를 주요하게 잇는 3킬로미터가 넘는 긴 도로이다.

격하다. 왜냐하면 튈르리 공원에서는 다른 사교계 무도회장처럼 정중한 복장이 요구되기 때문이다. 청렴결백한 이 보초병들은 챙 달린 모자를 쓰고 왔거나 외투 없이 윗옷만 입었거나 짐 보따리가 많거나 강아지를 데리고 오면 입장을 불허한다. 적어도 이런 옷차림은 이곳 주인에게는 용인되지 않는다.

퇴이양의 테라스에서 봄이 시작되는 것은 오히려 11월이다. 이탈리아인이 파바르 극장[VIII]에 도착하는 시각에 파리의 산책자들은 바로 이곳에 도착한다. 이곳은 어떤 의미로 겨울을 알리는 제비와 같다. 날씨가 제법 괜찮은 겨울날, 이곳을 산책하며 그저 여기저기 눈길을 던지는 것만으로도 행복하다. 태양 광선이 파리의 하늘을 덮은 두터운 안개를 뚫고, 튈르리 철책 문을 황금빛으로 물들인다. 눈부신 의상을 갖춰 입은 수많은 인파가 리볼리가를 가득 메운다. 파리 아가씨들의 앙증맞은 발이 계단 위를 사뿐사뿐 지나가는가 하면, 알록달록 초록색 깃

VIII   파리 2구에 위치한 오페라-코미크 국립 극장의 별칭이다.

털을 모자에 단 사냥꾼 복장의 청년들이 계단을 성큼성큼 내려가기도 한다. 그러니까 이 푀이양의 테라스는 파리의 멋쟁이들만이 아니라 유럽 전역에서 온 선남선녀들의 만남의 장소이다. 로렌스[IX]의 붓질로 재현된 그림에서 본 것 같은, 비단결처럼 윤기나는 긴 곱슬머리에, 하얗고 발그레한 분홍빛 피부, 그리고 푸른 눈을 한 우울한 영국 아가씨 옆에 검은 눈의 스페인 아가씨가 보인다. 귀엽고 앙증맞은 발을 하고 흑단처럼 까만 머리칼에 마드리드나 그라나다의 뜨거운 태양에 탄 듯한 황금빛 얼굴을 하고 있다. 이어 금발의 독일 아가씨가 도착하고, 그 뒤를 따라 어깨가 매력적인 이탈리아 아가씨가, 그다음에는 폴란드 아가씨가 도착한다. 그런데 거만한 러시아 아가씨 옆에서 기죽어 있는 듯하다. 또 그 옆에는 생기 넘치는 네덜란드 아가씨가 보이고, 그 옆에는 얼굴은 창백하나 무심한 듯하면서도 상냥

IX   영국의 화가 토머스 로렌스(Thomas Lawrence, 1769~1830)로 짐작된다. 조지 4세 시절 영국의 주요한 초상화 화가였다.

한 크레올 아가씨가 보인다.[X]

봄이 시작되고, 보리수나무가 그 연한 초록 잎들을 하나둘 선보일 때, 이 우아한 무리들이 테라스 계단을 내려온다. 그 작고 귀여운 발들과 반짝반짝 윤이 나는 구두가 다 함께 계단을 내려와 **오렌지 나무 길** 또는 **봄날의 길**에 깔린 모래를 밟는다. 두 길의 이름이 이렇게 매력적인 것은 아마도 어여쁜 아가씨 산책자들이 이 길을 꼭 한 번 걸어봤으면 해서일 것이다. 무심히 고개를 돌리다 보면, 예술가라도 된 듯 공원 의자에 앉아 고독을 씹고 있는 사내들도 이따금 보인다. 철없던 시절을 떠올리는 건지, 수염 사이로 보이는 입가에 냉소적인 미소가 감돈다. '봄날의 길' 바로 옆, '로마 왕의 작은 정원'[XI] 모퉁이에 아주 독특한 나무가 한 그루 서 있는데, 이 나무는

X   아름다운 옷을 한껏 차려입고 퓌이앙 테라스 계단에 나들이 나온 여자들에 대한 이런 묘사는 발자크의 소설 『서른 살의 여인』에도 등장한다.

XI   당시 튈르리 공원의 소로나 정원 등에 붙은 별칭으로, 오늘날에 이 이름들이 그대로 통용되지는 않는다. 다만 퓌이앙의 테라스, 카스티글리온 길 등은 지금도 그렇게 불린다.

파리 사람들에게 봄을 가장 먼저, 그리고 가장 오래 도록 알리는 나무라고 한다. 만일 **3월 20일 나무**라는 별명이 붙은 이 마로니에 나무가 봄날 태양의 첫 여린 햇살에도 그 푸른 잎을 보여주지 않는다면, 3월 20일은 결코 오지 않는다는 것이다.[XII] 이 나무에 꽃이 피면, 귀여운 아이들이 튈르리 공원으로 몰려든다. 아이들은 가장 좋아하는 나무를 둥글게 에워싸고 작고 귀여운 손들을 서로 맞잡는다. 나무를 빙빙 돌며 우리가 어린 시절 불렀던 동요를 부른다. 산책자들도 이런 유년시절의 순수한 기쁨을 떠올리며, 공원으로 달려온다. 봄의 첫 메시지를 알리는 이 나뭇잎들을 향해 눈을 들어 올리는 것이다.

3월 20일 나무가 있는 데로 가려면 상당히 많은 조각상 앞을 지나가야 하는데, 아마도 이 조각상들이 거의 나체인 것에 주목하지 않을 수 없다. 가

[XII] 튈르리 공원의 이 전설적인 나무는 실제로 1년에 꽃을 두 번이나 피울 만큼 왕성하게 개화한다. 그 이유를 두고 여러 설이 있다. 1792년 민중들은 왕이 머물고 있는 튈르리 궁을 습격했는데, 당시 왕의 근위대병으로 와 있던 스위스 용병들이 많이 살해되었다. 이 나무 밑에 스위스 병사들의 시체가 묻혀 있어 그렇게 꽃을 많이 피웠을 것이라는 설도 있다.

장 하찮은 소설가마저 대중을 **도덕적으로 교화**해야 한다고 주장하는 요즘 세기에 우리 젊은 아가씨들에게 제일 먼저 헤라클레스나 아폴론 같은 나체 조각상을 보여줘도 되는 걸까? 그 조각상들이 의상으로 걸친 것이라곤 활 아니면 투창밖에 없는데?

우리는 지금 튈르리 공원 대로에 있다. 퓌이양 테라스에서 한 100리외는 떨어져 있는 것 같다. 대로 산책자는 보통 사병, 아니 졸병이다. 2연대, 또는 25연대 소속 아니면 전혀 다른 부대 소속의 말단 사병이다. 조국을 위해 보초를 서지 않는 날에는 프랑스 군인들도 튈르리 공원을 한 바퀴 돈다. 친구 두세 명과 산책을 나와 왼쪽 발부터 조금 무겁게 발걸음을 내딛는다. 군모를 약간 뒤로 젖혀 쓰고, 나폴레옹을 본따 양손을 등 뒤에 두고 있다. 초록색 작은 나뭇잎 하나를 입에 물고 있는데, 이건 나폴레옹을 흉내 낸 건 아니다. 프랑스 병사들은 두 가지 이유에서 대로를 좋아한다. 바로 영광과 사랑을 사랑하기 때문이다. 아니, 대로에서는 바로 이런 사랑과 영광을 발견할 수 있기 때문이다. 영광은 저 멀리 개선문 아래서 나타난다. 사랑은 바로 그 옆에서, 그러니까 보모들[XIII]의 그 소박한 옷자락 아래에서 나타난다. 대로의 벤치들은 사랑 고백을 목격한 증인들이다. 머리가 불타고, 살가죽이 뜨거워 다 녹아버릴 정도로 열렬히 사랑을 고백하면 어떤 여자가 넘어오지 않을 수 있을까. 이런 고백은 튈르리 대로에서 이루어졌다. 나무 뒤에 숨어서 그는 이런 말로 시작하는 유명한 사랑 고백을 했다고 한다. 아가씨, 오늘 공문을 읽었소. 우리 부대가 3개로 축소되었답니다.

프랑스의 민간인들도 둘째가라면 서러울 색마들인데, 프랑스 군인들은 오죽하겠는가. 천만다행으로 공중도덕을 위해, 튈르리 입구에는 국민 음료이자 불타는 사랑을 위한 첫 번째 유혹 기술인 코코넛 음료가 금지되었다. 그러나 그것 없이도 유혹할

XIII 튈르리 공원에는 아이들을 데리고 산책 나오는 사람들이 많았다. 당시 삽화나 풍자화를 보면, 튈르리 공원 호수에서 뱃놀이도 할 수 있었고, 그 옆에는 모래 놀이터도 있었다. 저자는 다소 짓궂게 산책 나온 군인들이 공원에 아이들을 데리고 나온 젊은 보모들과 자연스럽게 어울리며 연애했을 것이라고 암시한다.

수 있다. 브루투스도 말하지 않았던가. 보모들의 정숙이란 말뿐이라고.

툴르리 공원에 대해 더 알아보자면, **프티트 프로방스**[XIV]를 방문하는 일이 남아 있다. 이곳은 어린이와 노인 모두가 좋아하는 곳인데, 두 나이가 다 태양을 필요로 하기 때문이다. 너무 늦게 도착하면 이 정원이 주는 즐거움을 잠시 일별만 할 뿐이다. 밤이 다가오고 물러날 시각을 알리는 북소리가 들리면 곧 철책 문이 닫힌다. 산책자들을 이제 돌려보낼 시각이다. 50명에서 60명 정도의 산책자가 나오는데, 이들은 툴르리에 해가 뜰 때 와서 해가 질 때 나가는 자들이다!

이제는 빚에 쪼들려 사는 불쌍한 산책자들에 대해 말하고 싶다. 무시무시한 채권단의 추격을 피해 이 왕궁 정원에 몸을 숨기러 온 자들이다. 만일 공원이 문을 닫으면, 이들은 샹젤리제로 간다. 서커

XIV 작은 길을 뜻하는 애칭으로, 지금도 툴르리 공원 이곳저곳에 이런 예쁜 길들이 마련되어 있다.

스 공연부터 폴리치넬라 인형극까지 다양한 오락을 즐기러 온 무리로 가득하기 때문이다.

　에투알 광장의 개선문까지 도로 양쪽에 도열한 가로등 불빛을 보노라면 이 찬란함의 비결을 탐색하지 않을 수 없다. 간혹 가스 불빛의 형태에 따라 시적 몽상과 사색에 빠져 한없이 걷다 보면 어느새 불로뉴 숲ᵛ 입구까지 와 있다. 다행히 1830년 헌장ᵛⁱ이 나와 야간 산책은 금지되었다. 만일 이 헌장이 없었다면, 우리 산책자들은 생클루 공원ᵛⁱⁱ

XV　파리 16구에 위치한 광활한 숲으로, 표면적만 846헥타르에 이른다. 불로뉴 숲에는 바가텔 공원과 자르댕 다클리마타시옹(동물원과 식물원) 같은 유명 시설이 있다. 특히 나폴레옹 3세 때 정비 보완되었고, 프랑스 회화나 문학, 영화에도 자주 등장하는 곳이다. 마르셀 프루스트의 소설에도 등장하지만, 19세기에는 주로 파리 부르주아 사교계 인사들이 많이 산책하던 곳이었다. 현대에는 이 숲에 와서 매춘을 하거나, 동성애자들이 자주 드나들기도 했는데, 지금은 자연 휴양림과 스포츠 시설 및 고급 레스토랑과 호텔 등이 들어서 있다.

XVI　프랑스는 1830년 7월 혁명으로 왕정복고 시대를 끝내고, 루이필리프를 내세워 입헌 군주제를 실시한다.

XVII　생클루 공원은 460여 헥타르에 이르는 넓은 공원으로, 파리 도심에서 훨씬 북쪽으로 올라간 외곽에 있다. 1799년 나폴레옹 쿠데타가 일어난 곳으로도 유명하다.

까지 갔을 것이다. 마음을 다독이느라 다시 발길을
돌려 샹젤리제로 가면, 그 시각에는 더더욱 고독이
주는 매력이 배가된다. 도시를 순회하는 치안 경찰
도 거의 없고, 대로에서 마주치는 장사치들도 거의
없기 때문이다.

그러나 이젠 현실로 돌아온다. 언제 곤봉이 날
아올지 모른다는 생각에 긴장을 풀지 않는다. 그러
나 오벨리스크[XVIII]를 바라볼 때만큼은 자유롭게 숨
을 쉴 수 있다. 광신적 예술 애호가들이 이 이집트
경계석을 혹시라도 훔쳐 갈까 봐 군인들이 밤낮으
로 이 오벨리스크를 지키기에 여념이 없기 때문이
다. 특히나 고고학에 일가견이 있는 산책자들이라
면 이 룩소르의 오벨리스크는 흥분하지 않을 수 없

XVIII 1836년 파리 콩코르드 광장 한복판에 세워진 이 오벨리스크는 이집트 룩
소르 신전에서 가져온 것이다. 이집트 총독 무함마드 알리가 우호 조약의
일환으로 1830년 왕정복고 시절의 프랑스 왕 사를 10세에게 공여했다. 룩
소르 신전 앞에는 오벨리스크가 두 개 세워져 있었는데, 오른쪽에 있던 것
만 쓰러뜨려 프랑스로 가져온 것으로, 1981년 프랑수아 미테랑 대통령은
룩소르 신전에 남아 있던 오벨리스크에 대한 프랑스의 소유권을 완전히 포
기했다.

는, 차원이 다른 유물이다. 오벨리스크에 새겨진 이집트 상형문자를 전력을 다해 설명하다 용케 해독하기도 한다. 라울 로세트 경[XIX]의 즐거움이란 바로 이런 것이었다.

두 다리가 이제 업무를 그만하겠다고 하면, 아니 숫제 사라져 버리겠다고 엄포를 놓으면 산책자는 업무를 연장한 책임도 있고 하니, 이 모든 즐거움을 접기로 한다. 시원한 바람이 부는 야외 카페 덕분에 8수만 지불하고도 의자며 테이블, 맥주 한 병은 물론, 여가수 두 명과 함께 기분 좋은 시간을 보낼 수 있다. 샹젤리제 서커스장의 객석에 앉아 **자리를 빛내줄 수도 있다. 총신, 당원, 대장** 같은 별명의 서커스 말들이 그의 진정한 자연 속 친구들이기 때문이다. 이 말들은 뛰기도 잘 뛰고, 먹기도 잘 먹고, 아는 것도 많은 똑똑이들이다. 그것만이 아니다. 그는 자기 직원이라도 되듯 서커스 단원들의 이름을

XIX 라울 로세트(Raoul Rochette, 1789~1854)는 프랑스의 고고학자이다. 금석학 아카데미 위원 및 아카데미 데보자르의 종신 서기를 지냈다.

다 안다. 프랑코니, 바우셔, 오리올, 그리고 또 어릿
광대 몇 명의 이름까지. 심지어 극장 조명용 촛불의
심지를 자르는 사람의 이름도 안다.

제15장

산책 초심자들을 위한 조언

단순히 산책을 하고 싶다면, 친구 한 명하고만 해라.
산책에 집중하고 싶다면 혼자 해라. 오레스테스와
필라데스[1], 카스토르와 폴룩스[2], 생로슈와 그의 개

---

[1]   오레스테스는 그리스 신화에 나오는 탄탈로스 가문의 후손으로 아가멤논
의 아들이다. 아이기스토스와 바람을 피운 어머니 클뤼타임네스트라를 살
해하는 비극적 인물이다. 아이기스토스의 살해 위협으로부터 벗어나기 위
해 포키스의 왕 스트로피오스 왕에게 피신하는데, 이 왕의 아들 필라데스와
둘도 없는 친구가 된다.

[2]   그리스 신화에서 폴룩스는 제우스의 아들이며 권투를 잘한다. 함께 자란 쌍
둥이 형제 카스토르가 창에 찔려 사망하자 폴룩스는 그를 죽인 원수를 죽이
고 자신도 따라 죽으려 한다. 아버지 제우스는 카스토르를 따라 죽고 싶다
는 폴룩스를 위해, 영원히 같이 있으라고 밤하늘의 쌍둥이 별자리로 만들어
줬다.

ⁱⁱⁱ, 그 밖에 우정에 관한 한 제법 역사적으로 유명한 20여 명의 인물이 있지만, 아무리 친한 친구라 해도 8일을 연이어 함께 다닌다면, 결코 평화로운 산책은 하지 못할 것이다.

당신은 폴리치넬라를 좋아하는데 당신의 동반자는 유행 상품을 파는 가게만 좋아한다면, 당신은 오베르의 풍자화 앞에서 두 시간가량 머물면 되고, 그 시각 당신의 친구는 쉬스의 조각상들만 바라보면서 좋아하면 될 일이다. 만일 당신이 작은 회색빛 새ⁱᵛ를 따라가려고 하면, 당신의 동반자는 당신을 흠씬 두들겨 패거나, 더 심한 경우 어느 귀족 부인이 타고 가는 마차에 당신을 깔려 죽게 만들 수도 있다. 그러니 아무리 탄복할 만한 미모여도 너무 가까이 다가가지는 말라.

한 사람이 오른쪽으로 가는데 다른 사람은 왼

ⅲ   생로슈는 의사인데, 환자들을 돌보다 페스트에 감염된다. 다른 사람을 감염시키는 것을 막기 위해 스스로를 격리하다 거의 굶어 죽어가는데, 그가 키우던 개가 어디서 빵을 훔쳐 매일같이 주인에게 갖다 주었다고 한다.

ⅳ   은어로, '노동자복을 입은 다소 천하고 바람기 있는 여공'을 뜻한다.

쪽으로 가려고 한다면, 아무리 서로 소매를 걷어붙여 주는 사이라 해도 이런 우정은 쓸모가 없을 것이다.

친구 한 명하고만 산책을 해도 어이없는 짓을 하는 사람이라면, 여러 친구와 산책하는 것은 거의 불가능하다. 이른바 소요(逍遙)하는 산책은 빨리 하는 산책이 아니기 때문이다.

여성과 함께 하는 산책은 더더욱 피해야 한다.

"아니, 그게 가능합니까? 어여쁜 여성인데, 어떻게 그걸 마다합니까?"라고 당신은 나에게 반문할지 모르겠다.

"이보시오, 그러니 더더욱 피해야죠!"

왜냐하면 이런 여성들과 산책할 때는 유행하는 모자 상점이나 리넨 모자 상점이면 몰라도 행주같이 생긴 캐시미어 날염 가게나 싸고 조잡한 물건을 파는 가게 앞에서는 절대 멈춰 서면 안 된다. 그렇게 간담이 서늘해지는 일은 그녀의 남편이나 남편 비슷한 일을 수행하는 젊은 프랑스 청년에게나 하게 할 일이다.

이런 부인이나 애인을 튈르리 공원이나 극장에 데려갈 때면, 마차를 타고 가는 게 훨씬 경제적이다.

마차 삯 32수를 아끼려고 걸어가다가는 괜히 32프랑짜리 모자 값을 내야 하기 때문이다. 잘못하면 인색한 남자로 오해받거나 신사답지 못한 수컷으로 오해받을 수 있다. 게다가 나중에 더 큰 일을 당할 수 있다. 머리가 쭈뼛 서는 일이 생길 수 있다. 괜한 소송에 휘말려 인생이 골치 아파질 것이다.

그거야말로 끔찍한 악몽이다.

당신의 발걸음이나 팔 동작을 예의주시하면서 당신 옆에 바짝 붙는 성가신 자가 있다면, 언제 그 자에게 팔을 내줄지 모르지만, 우선 상점에서 최대한 가까운 인도 쪽으로 붙고 봐야 한다. 이 동반 산책자에게 예의를 갖추는 척 길을 내주며 언제든 이 자를 따돌릴 기회를 엿봐야 하는 것이다. 카브리올레나 합승마차가 옆 차도를 달리면 당신이 맞을 뻔한 흙탕물을 이 자가 대신 왕창 맞게 하라.

인생을 살다 보면 거의 모든 곳에서 만나게 되

는 성가신 자들이 있다. 이름까지 알고 지내는 친구지만, 정말 떨궈내고 싶은 자라면 이렇게 하라. 길을 걷다 이 친구를 만나면 그 자는 당신 팔을 붙잡고 이렇게 물을 것이다. 어디 가는 거야? 그럼 이렇게 대답하면 된다. 내가 지금 돈이 한 푼도 없어서 빌려줄 만한 사람에게 돈 꾸러 가는 길이야.

그러면 아무리 친한 친구라도 당장에 당신을 떠날 것이다. 행여나 당신이 자기한테 5프랑이라도 빌려달라고 할까 봐서 말이다.

앞으로만 정확히 가는 원칙을 고수하는 산책자는 언젠가는 합승마차의 운전수가 되면 좋다. 대로의 차선만 보고 가야 하니까 말이다.

저녁까지 산책해야겠다고 다짐하고서 아침 10시에 나온 자는 차라리 저녁까지 심심해야겠다고 혼잣말을 하는 편이 낫다. 결국 너무 심심해 친구들을 귀찮게 할 것이기 때문이다.

산책의 가장 큰 매력은 예상 밖의 상황을 만나는 것이다. 사업 약속 때문에나 어떤 볼일 때문에 집을 나서는 자는 최고의 기쁨을 누리는 산책자가

될 수 있다.

보통 대리인이나 사무실 직원에게 심부름을 시키면 세 시간 걸릴 일을 길모퉁이에 있는 심부름 업자에게 맡기면 10분이면 끝난다.

당신 몸에서 스카프, 시계, 아니면 어디 옷자락 하나라도 지키려면 불꽃놀이 구경 나온 인파 속으로 절대 들어가서는 안 된다.

같은 이유로, 사육제 마지막 날'에는 파노라마 파사주[VI]에서 생길 위험을 피해야 한다.

V   프랑스어로는 '마르디-그라(Mardi-Gras)'라고 하는데 실컷 먹는 육식일 중 하루이다. 사육제의 마지막 날로 사순절 전의 화요일을 뜻한다. 사육제 (carnaval)는 정통 가톨릭의 의미대로라면 '고기와의 작별'이라는 뜻으로 사 순절에 앞서 3일이나 일주일 정도 즐기는 축제이다. 유럽과 아메리카 등에 이 전례가 전파되면서 가면을 쓰고 거리를 활보하며 춤을 추고 노래하는 축 제로 변형되었다. '사순절(carême)'은 '재의 날'이라는 뜻으로 예수의 고난을 상징적으로 기리며 절식(물고기 정도만 단 한 차례 먹는다)하거나 금식하는 기간 이다. 가톨릭 교회력의 전례에서 사육제는 거의 사순절과 함께 오는데, 육 식의 배제 또는 제외를 정기적으로, 예정적으로 집어넣은 것은 욕망의 이 중성(욕망은 원래 결핍이라는 뜻이다)을 이론적으로나 실천적으로 간파한 지혜로 이해될 필요가 있다. 현대 종교 생활에서는 이를 이해하지 못하거나 그 진 정한 의미를 왜곡하여, 고기 금식 기간 이전에 실컷 고기를 먹는 행위로 인 식되고 있다.

VI 파노라마 파사주는 파리 2구에 있는데, 1799년에 생겼으니 파리의 파사주 당신한테 근시가 있다면, 나이 든 여자나 치안 경찰을 쳐다봐서는 안 된다. 우선 시선 때문에 괜한 오해를 받을 수도 있다. 이 두 계층은 최대한 공경해야 할 집단이기 때문에 똑바로 쳐다보는 것이 금지되어 있다. 치안 경찰이 화내는 것 이상으로 나이 든 여자가 화를 내면 정말 무섭다. 이처럼 위험천만한 게 없다.

만일 당신이 팔레루아얄의 대포[VII]에 시계를 다시 맞출 만큼 심장이 약한 사람이라면, 당신의 시계에 자기 시계도 맞추겠다며 다가오는 사람을 경계하시길. 왜냐하면, 왕왕 당신의 시계가 그들의 시계에 딸려 가는 일이 생기기 때문이다. 당신의 지갑이 딸려가지 않았으면 그거라도 다행으로 여겨야 한다.

당신이 순종 말처럼 잘 속는 사람이라면 길거

들 중에서도 아주 오래되었다. 1974년 역사 문화재로 등재되었다.

VII 팔레루아얄에는 해시계 조각상이 있는데, 그 조각상에는 대포 모양의 장식물도 함께 조성되어 있다. 진짜 대포를 뜻한다기보다 이 해시계를 뜻한다.

리에서 본 어떤 사람이 금테 안경이나 다른 보석 같은 것을 거의 헐값에 주겠다고 할 때 절대 사면 안 된다. 당신이 100수를 그 자에게 내미는 순간, 당신은 5프랑을 도둑맞을지 모른다.'[VIII]

그 돈이면 차라리 『산책자 생리학』을 다섯 부 사는 게 나을 것이다. 오랫동안 산책을 실행해 산책에 대해서라면 너무나 잘 아는 우리 친구 샤를 필리퐁의 몇 가지 지적과 아포리즘으로 이 글을 마치고자 한다.

바쁜 인간은 보지 않고 살펴보고, 무위도식자는 살펴보지 않고 보고, 산책자는 보고 살펴본다.

산책할 줄 모르는 자는 산책하지 마라. 너무 빨리 걷는 자, 길거리에서 하품하는 자, 예쁜 여자 옆을 지나는데 그녀를 보지도 않는 자, 진열대나 곡예사 앞을 지나는데 멈추지도 않는 자 말이다.

진정한 산책자는 그리스어, 라틴어, 수학, 아

VIII 20수가 1프랑이다. 따라서 5프랑은 100수이다. 같은 가치를 화폐 단위를 달리해서 썼을 뿐이다.

니면 초유동 과학 같은 것은 몰라도 된다. 대신 모든 길을 알아야 한다. 파리의 모든 상점을 알아야 한다. 더 나아가 어떤 모자 가게에서 어떤 예쁜 모자를 파는지, 어떤 정육점에서 어떤 맛있는 고기를 파는지, 어떤 카페에서 어떤 맛있는 레모네이드를 파는지 등은 알아야 한다. 마술꾼, 요술꾼, 호객꾼, 노점상, 점포상 등을 꿰고 있어야 한다. 파리 수도의 광고 벽보라면 거의 다 외우고 있어야 한다. '알베르와 지로도 박사', '의료 특허 수은 치료', '르 페르드리엘 씨의 전매특허, 호박단과 물방울무늬', '사료 급식기, 고무젖꼭지 특허' 등등. 이제 모르는 게 없이 다 안다. 산책만 열심히 잘해도 다국어 능통자가 된다. 진열창에 적힌 외국어도 다 읽는다.

ENGLISH SPOKEN HERE(여기서는 영어 사용 가능)

아니면,

QUI SI PARLA ITALIANO(여기서는 이탈리아어 사

198

용 가능)

셰익스피어나 단테의 작품을 번역할 수 있다고는 말 못 해도, 영어와 이탈리아어는 좀 말한다고 할 수 있는 것이다. 그러나 모국어의 아름다움을 아는 것이 더 중요하다. 그는 정치적 횡설수설도, 은어도 다 이해한다. 야바위꾼이 **'속임수를 썼어'**(1), 안 **'털렸어'**(2), **'손목'**(3) 같은 말들 말이다. 어느 나라 말인지 알 수 없는 까불이들의 말장난도 다 알아듣는다. 요상한 비속어를 써도 산수 공식처럼 알아듣는다. 어떤 마부가 동료에게 자기에 대해 이렇게 말하는 것을 들었다고 해보자. "저 양반 허벌나게 많이 줬어. 100수나 주다니, 염병할."(4)[IX]

이렇듯 산책자는 명민한 교양인이다. 적어도 바보는 아니다.

바보도 돌아는 다닌다. 그러나 절대 산책은 아니다.

[IX] (1) 은어를 말하다. (2) 도둑맞다. (3) 시계. (4) 이 매력 넘치는 문장을 다시 고상하게 옮기면, "저 양반께서 고맙게도 100수나 주셨어"이다(이 각주는 원서에 있는 주로, 작가 주 또는 편집자 주로 보인다—옮긴이).

멍한 자는 가끔 산책을 하지만, 명민한 교양인은 자주 산책을 한다.

진정한 산책자는 일방통행을 좋아한다. 그 앞에 마차가 지나가거나 별다른 장애물이 없는 한 한 방향으로 죽 간다. 가도에 나와 있는 가판대가 있으면 밀어보거나, 팔꿈치로 툭 쳐서 방향을 살짝 돌려놓고는 다시 걷는다. 사고가 생기면 생기는 대로 두고, 누가 밀면 같이 밀면 된다. 가고 오고, 오고 간다. 우연과 의지에 따라 자기 집에서 가깝게 또는 멀리 늘 걷고 또 걷는 것이다. 점심 식사를 하기 전 바람이나 쐰다고 집에서 나와 저녁이면 뱅센^ᵡ에 사는 친구 집에 와 있다. 거기서 자고, 이튿날 다시 길을 떠난다. 그리고 저녁 식사를 위해 이번에는 보지라르^{ᵡⁱ}에 사는 친구 집에 와 있다.

여러 사람과 산책하는 것을 산책이라고 생각

ᵡ   파리 동쪽 발드마른주(州)에 있다. 중세 때 왕궁으로 쓰였던 뱅센 성이 있어 특히 유명하다.

ᵡⁱ   파리 남서쪽 센주(과거에 파리에 존재했던 주)에 있다. 현재는 파리 15구로 통합되어 있다.

하는 자는 좀 멍청이다. 산책은 혼자 하는 것이다. 많아봤자 둘이 하는 것이다. 그리고 집 바깥으로 나와야 산책이지 집 안에서만 돌아다니는 것은 산책이 아니다. 그건 그냥 빈둥거리는 것이다.

이렇게 빈둥거리는 자는 "이제 나가자, 나가야지!" 하면서 친구를 붙들어 놓고 수다 삼매경이다.

이런 자는 조잘댈 뿐 생각은 안 한다. 산책자는, 그러니까 진정한 소요자(逍遙者)는 생각을 많이 하고, 말은 적게 한다.

이런 자는 산책자를 흉내 내는 원숭이다. 산책을 왜곡해 산책을 혐오스럽게 만드니 풍자화의 모델이 되고도 남는다.

순진한 식료품상 주인은 이렇게 말한다. "이 일 그만두면, 난 이제 정말 산책자가 될 거야." 그런데 막상 일을 그만두면, 어떻게 시간을 죽일지 몰라 애를 먹는다. 일밖에 모르는 시골뜨기 기질이 남아 있는 것이다.

산책을 하려면, 다른 차원의 자산이 필요하다. 건포도나 양초, 끈 다발 판매 같은 것으로는 얻을 수 없는 다른 자산이 필요한 것이다.

진정 소요(逍遙)할 줄 아는 자는 절대 권태를 모른다. 이런 자는 자기 혼자서도 잘 논다. 뭘 봐도 지성을 가꿀 양식을 스스로 마련하기 때문이다.

가령, 어떤 의상점 앞에 은퇴한 식료품상이 서 있다고 해보자. 새로운 옷감을 보면서 이 자는 머릿속으로 무슨 생각을 하고 있을까? "이쁘네. 아니면 이건 별로네. 흠, 이건 마누라가 좋아하겠군. 근데 별로 내 맘엔 안 들어". 이런 말을 하거나 아니면 속으로 생각만 하면서 그냥 의상점 앞을 지나갈 것이다. 이어 우리의 진정한 산책자가 도착하고, 똑같은 물건 앞에 선다. 이 자는 거의 두 시간을 머문다. 똑같은 천을 보면서도 수많은 상념과 상상이 떠올라 바로 앞사람처럼 그냥 지나갈 수 없는 것이다. 디자인과 색상을 하나하나 살펴보면서, 그 효과까지 감상하는 것이다. 똑같은 디자인을 보더라도 전혀 새로운 방향에서 생각한다. 복고 취향이 있는 건지, 저 예전 시대로 돌아가 상념에 빠지기도 한다. 상인의 진열대만 보는 게 아니라, 이 물건을 만들어낸

생산자를 생각한다. 제조 및 생산, 그리고 공정 과정을 떠올리며, 라이프치히, 런던, 상트페테르부르크 공장까지 떠올린다. 요컨대, 누구는 한 치의 의문도 없이 이 천 조각을 보는데, 또 다른 누구는 수천수만 가지 생각을 하며 상상의 나라를 여행한다. 그의 상상의 나라는 눈부신, 최고의, 아름다운 세계이다.

지금까지 말한 것에 따른, 논리적 귀결을 정리해 보면 다음과 같다. 다음과 같은 자질을 소유하지 않은 자는 산책자라는 아름다운 이름을 소유할 자격이 없다.

어떤 경우에나 명랑할 것.
필요할 때는 성찰할 것.
항상 관찰 정신을 지닐 것.
독창성은 그닥 없어도 됨.
유연한 사유.
약간의 피로와 훈련.
특히, 자신을 쉬게 할 줄 아는 의식 상태.

그래도 다들 산책자가 되길 원한다면, 놀라운 일이다! 각자 최대한 가능한 방법으로 옷을 갖춰 입는다. 그렇게 자신의 약점을 감추는 것이다. 각자 자신의 악덕과 미덕을 감춘다. 각자 어느 정도는 산책자가 되길 원한다.

이 게으른 자에게 왜 일하지 않느냐고 물어보라. 이 무능한 예술가에게 왜 그림을 끝내지 않느냐고 물어보라. 길에서 갈까마귀와 빈둥거리고 있는 자에게 길에서 뭐 하는 거냐고 물어보면 다들 한 목소리로 이렇게 대답할 것이다. 우리는 산책하고 있어요.

아, 잠시만요! 멈춰봐요.

산책자여! 나는 그대를 인도를 순찰하는 경찰이라 부르고 싶소. 아니, 공공장소를 돌며 광고 벽보를 붙이는 남자라 부를 테요. 아니 24시간 중 14시간을, 같은 노선을 왔다 갔다 하는 합승마차 운전수라 부를 테요. 아니, 초소 앞을 가만히 배회하는 보초병이라 부를 테요.

산책자 생리학
Physiologie du flâneur

초판 1쇄 발행	2022년 8월 19일
지은이	루이 후아르트
옮긴이	류재화
펴낸이	최용범
편집·기획	이자연, 박호진, 예진수
디자인	이정하
관리	강은선
인쇄	(주)다온피앤피
펴낸곳	**페이퍼로드** paperroad
출판등록	제10-2427호(2002년 8월 7일)
주소	서울시 동작구 보라매로5가길 7 1322호
이메일	book@paperroad.net
페이스북	www.facebook.com/paperroadbook
전화	(02)326-0328
팩스	(02)335-0334
ISBN	979-11-92376-08-0 (03300)

그린이

알로프 (Marie-Alexandre Alophe, 1811~1883)
아돌프 므뉘(Adolphe Menut)라는 필명으로도 활동했다. 파리
보자르에서 수학했다. 특히 그의 석판화는 부드럽고 감성적이
어서 당시 대중들의 많은 사랑을 받았다.

도미에 (Honoré Victorin Daumier, 1808~1879)
프랑스 풍자화가의 거두로, 19세기 프랑스 사회와 정치의 면면
을 익살스러운 해학과 날렵한 위트로 표현했다. 4천 점 이상의
석판화를 남긴 다작의 작가로, 위선에 가득 찬 부르주아와 정치
인들을 신랄하게 그렸다.

모리세 (Théodore Maurisset, 1803~1860)
프랑스의 화가이자 석판화가로 그의 생애나 이력은 잘 알려져
있지 않은데, 사진술 초창기에 나온 은판 사진 기법으로 작품을
많이 남겼다.